Hans Ernst · Die Legende von St. Margarethen

HANS ERNST

Die Legende von St. Margarethen

ROMAN

rosenheimer

4. Auflage 1995

Schutzumschlag-Foto: Bildagentur Mauritius GmbH, Poehlmann
Druck und Bindung: Wiener Verlag, Himberg bei Wien
ISBN 3-475-52060-5

Der Tofillhof lag gute elfhundert Meter hoch und war damit der höchstgelegene Hof im Tal der Roschach. Fast unmittelbar hinter ihm – so sah es wenigstens aus – ragte die Wundspitze wie ein drohend erhobener Zeigefinger in die Lüfte.

Hörte man vom Tofill herunter das Kapellenglöcklein läuten, so war damit zu rechnen, daß schlechtes Wetter kam. Das Geläut aber von St. Margarethen herauf, morgens um fünf Uhr, bedeutete schönes Wetter, besonders dann, wenn die mittlere, die St.-Josefs-Glocke, aus dem Geläut der sieben Glocken herauszuhören war.

Der Tofiller hatte sechs Kinder, vier Buben und zwei Dirndel. Sie waren alle gut geraten und von ihren Eltern gottesfürchtig erzogen worden. Vom großen Leben draußen in der Welt wußten sie nicht viel. Sie kamen vielleicht einmal im Jahr nach St. Margarethen, dem Marktflecken, wenn der herkömmliche Pfingstmarkt war. Das war der große Festtag für die Tofillers. Dort gab es Karussells, Schaukeln und die ersten Kirschen aus Italien.

Heute war wieder Pfingstmarkt gewesen, und es dämmerte schon leicht, als die Tofillers heimwärts wanderten. Voraus ging der Bauer, ein hünenhafter Mann. Eine Weile hatte er seinen Jüngsten, den sechsjährigen Christian, an der Hand geführt. Jetzt aber, da der Weg sehr schmal wurde, ließ er ihn los, und Christian ging im Gänsemarsch mit den anderen Geschwistern hinter dem Vater her.

So stapften sie dahin, während der Lärm des Jahrmarktes immer weiter hinter ihnen zurückblieb. Sie lachten, stießen sich gegenseitig an und hatten ihre helle Freude, so daß der Vater sich manchmal umdrehte und seine stattliche Schar mit dem einen halb zugekniffenen Auge betrachtete. Das andere konnte nichts sehen, denn dort war ein Glasauge. Dann wurden sie plötzlich ganz still, nicht aus Angst, sondern aus Ehrfurcht vor diesem Vater, der mit seinem stahlgrauen Auge so gelassen hinunterschauen konnte auf Schloß Jenna-Zinntal, zu dem über 3000 Morgen Land gehörten und dessen Besitzer, Graf Arno von Jenna-Zinntal, ein Begriff war in der Landschaft zwischen der Wundspitze und St. Margarethen.

Sie gingen eine lange Weile neben der rauschenden Roschach dahin, die am Fuße der Wundspitze entsprang, am Schloß vorbeiplätscherte, um sich dann kurz danach mit dem Kupferbach zu vereinigen.

Ja, der Tofiller konnte ohne jeden Neid hinuntersehen zum Schloßgut, denn er war selber ein kleiner König in seinem Reich. Sein Hof umfaßte an die einhundertzwanzig Tagwerk.

Freilich wuchsen da oben die Früchte nicht mehr in so reichem Maße wie unten. Das Korn reifte gerade noch so weit, daß man es Ende August schneiden konnte, wenn man unten im Tal längst den Weizen gedroschen hatte, und Kartoffeln, Runkelrüben, Weißkrautköpfe, Hafer und etwas Flachs reichten für den Hausbedarf. Es wuchs dort oben genau das, was sie zum Leben brauchten. Und darum war es ein Festtag, wenn die Tofillkinder auf dem Pfingstmarkt zu St. Margarethen eine Semmel bekamen.

Aber vielleicht lebten sie auf dem Tofill glücklicher als mancher da unten in der Tiefe. Sie hatten zwar kein elektrisches Licht, legten sich in der Sommerzeit schlafen, wenn es dunkel wurde, und standen auf, wenn es tagte. Im Winter freilich, da war es anders, da brannte in der aus Lärchenholz gezimmerten Stube die Petroleumlampe mit dem weiten, grünen Schirm. Der grüne Kachelofen mit der weißen Kugelhaube strahlte behagliche Wärme aus. So war es vor zweihundert Jahren schon gewesen, und von den Jungen dachte keines daran, daß dies einmal anders werden könne.

Zur Schule gingen sie nach Wildflecken, einem Weiler auf halbem Weg nach St. Margarethen. Dort kamen die Kinder der Einöden zusammen, und auch die vom Gut Jenna-Zinntal, einschließlich der Grafenkinder. Diese blieben freilich bloß bis zur vierten Klasse, dann wurden sie fortgegeben in ein Internat, auf höhere Schulen, wie es sich halt so gab.

Den Unterricht in Wildflecken hielt die Lehrerin Erna Fuchs, die jeden Tag den weiten Weg von St. Margarethen heraufkam zu ihren zwanzig bis fünfundzwanzig Schülern, die sich in dem Zuhäusl des Leitnerbauern, das als Schulhaus diente, so recht und schlecht durch die acht Klassen hindurchbrachten.

Jetzt waren nur zwei Tofillkinder in der Schule, der Christian und die Notburga. Markus war der Zweitälteste und sollte einmal den Hof bekommen. Aber bis dahin war er wohl schon selber so schimmelgrau wie sein Vater, denn der Tofiller dachte gar nicht daran, das Heft aus der Hand zu geben.

Sebald, der erste, hatte es viel leichter. Er hatte in der Kreisstadt das Schreinerhandwerk gelernt und hatte bereits in eine Schreinerei in St. Margarethen eingeheiratet. Er war deshalb auch jetzt nicht dabei, als sie langsam dem Tofill zuwanderten. Markus war ein Träumer, wenn er auch körperlich seinen Brüdern in nichts nachstand. In ihm kreiste offensichtlich das Blut mütterlicherseits, aus deren Familie immerhin ein Domorganist hervorgegangen war und ein Gymnasiallehrer, der drei oder vier Bücher geschrieben haben sollte.

Die Mutter, eine große, stolze Frau mit schon ins Weißliche schimmerndem Haar, wollte gerade den Markus ein wenig mehr an ihr Herz betten. Oft war es so, daß sie ihn, wenn sie sich allein wußten, ganz schnell und heftig an sich drückte, nichts dabei sprach, sondern ihm eben mit dieser stummen Gebärde andeutete, daß er ihr näherstehe als die anderen Kinder. Markus begriff nicht, wie er zu dieser Auszeichnung kam. Er war von seinem Vater und vom Berg, auf dem er lebte, hart erzogen worden. Aber mit der Zeit lernte er es, sich in die heftig aufklingenden Zärtlichkeiten seiner Mutter hineinzufügen und selber zärtlich zu sein.

Der Tofiller wußte davon nichts. Bolzensteif

ging er durchs Leben, mit keiner Wimper zuckend, ob ihn nun Freude oder Leid traf. Die Leute lobten ihn, daß er einen Charakter habe und eine schneeweiße Weste. Und das mochte wohl stimmen. Denn einen Hirschen abzuschießen oder einen Rehbock, das war in seinen Augen kein Unrecht. Das Wild unter der Wundspitze gehörte dem Grafen Jenna-Zinntal. Graf Zinntal wußte auch, wer außer ihm selber noch im Revier jagte, aber er verlor darüber kein Wort. Der Tofiller hätte ihn wahrscheinlich mit seinen eisgrauen Augen unschuldsvoll angesehen und ihn gefragt: „Na hören S', Herr Graf, soll ich mir meinen Krautacker von Ihren Hirschen zusammentrampeln lassen?"

Er ging auch nicht aus Leidenschaft hinaus, nicht aus Hunger und auch nicht aus Profitgier. Nein, man aß sich eben einmal über an dem Schweinefleisch, dem Grießbrei oder der sauren Milchsuppe. Das schmeckte vier Wochen oder auch einmal sechs Wochen ganz gut, aber dann hatten sie es eben satt. Die Mutter sah den Vater nur an, er nickte dann, nahm seinen Zwilling und ging hinaus. Manchmal dauerte es gar nicht lange, dann krachte der Schuß. Das hatte sein Vater schon so gehandhabt, sein Großvater und sein Urgroßvater. Es war eine Selbstverständlichkeit, Gott ließ das Wild frei umherlaufen, warum sollte es nur der Zinntaler abschießen dürfen?

Das ging so lange gut, bis ein neuer Förster, Frankenegg, hierherkam. Der hatte andere Begriffe, durchsuchte mit dem Jagdgehilfen Simon Blank beim Tofiller das Haus und fand noch ein paar

Rehschlegel in der Sur. Es ging zwar noch gut ab, weil Graf Zinntal die Sache nachher abbog. Aber dem Tofiller war es verleidet, und zwar gründlich. Nicht, daß er deswegen auf Wildbret verzichtete, nein, er deutete ganz einfach auf einen seiner Buben mit dem Finger hin und sagte:

„Du gehst heut!"

Derjenige, der gemeint war, nahm den Zwilling und ging. Aber dann hatte ausgerechnet Markus den Gedanken, sie könnten es doch untereinander auslosen, wer von ihnen hinausgehen sollte. Christian mit seinen sechs Jahren kam noch nicht in Frage. Also mußte er mit dem Martin, dem Sechzehnjährigen, auslosen. Wer das Zündholz ohne Schwefel ziehe, der müsse gehen.

Es riß sich keiner darum, aber sie taten es dann doch, ohne zu murren, weil der Vater es befohlen hatte. Der Vater gab ihnen auch keine Verhaltungsmaßregeln. Er sagte höchstens:

„Schaut nicht aufs Geweih, schaut lieber aufs Fleisch. Ein dürrer Krampen mit einem schönen Geweih nützt uns nichts."

An einem Spätsommertag war es wieder einmal soweit. Das Geräucherte in der Selch war aufgebraucht. Das nächste Schwein hatte erst eineinhalb Zentner und mußte noch sechs Wochen gemästet werden. Als die Bäuerin das Tischgebet gesprochen hatte, sah sie ihren Mann an, und er wußte gleich Bescheid, streckte sich behaglich auf das breite Ledersofa in der Stube, zündete sich die Pfeife an und meinte wie beiläufig:

„Das letzte Mal hast aber die Rehleber ein bißl zu sauer gemacht, Mutter ...“

Da kannten die Brüder sich aus, und sie losten draußen im Gang. Diesmal traf es den Markus. Er ging hinüber in das Stübchen, in dem hinter einem kleinen Wandschrank der Zwilling lehnte.

Dann verließ er das Haus.

Es war ein leuchtend schöner Sommertag. In St. Margarethen läuteten die Glocken zur Nachmittagsandacht. Über der Wundspitze flimmerte grelles Sonnenlicht und huschte über die steinernen Felsschluchten nieder. Es war rotes Gestein, und es sah gerade so aus, als rinne Blut aus den vielen schmalen Schrunden. Das Blut eines Jägers sei es, der sich mit seiner Geliebten von der Spitze heruntergestürzt habe, so hieß die Mär im Volke, die man von Generation zu Generation sich erzählte. Darum hieß dieser Berg auch die „Wundspitze“.

Gleich hinter dem Tofillhof begann schon der Wald. Früher hatten der Bauer und auch seine Buben das Gewehr immer offen getragen. Seit aber dieser Frankenegg am Biertisch zu St. Margarethen hatte durchblicken lassen, daß er jeden stellen werde, den er in den Wäldern seines Herrn mit einem Gewehr antreffe, zerlegten sie den Zwilling und trugen ihn im Rucksack verborgen.

Mit zügigem Schritt wanderte Markus Tofiller bergwärts, bis er die Lichtung erreichte, auf der nur noch eine einzige Fichte stand.

Wie still es ringsum war! Wie schön der Wald in seiner Ruhe! Markus war stehengeblieben und schaute hinaus ins Tal. Wie in einem Kripperl sahen die Häuser von St. Margarethen aus, und dann die einzelnen Höfe an den Hanglehnen, wie ins Grüne hineingeworfen wirkten sie. Wirklich beherrschend auf einer Höhe lag nur Schloß Jenna-Zinntal mit den von Efeu umsponnenen Ecktürmen.

Die Sonne schien warm in den leeren Burghof und ließ die Butzenscheiben an der Westfront in hundert Farben aufschimmern. Auf einer Dachterrasse zwischen den beiden westlichen Türmen standen ein bunter Sonnenschirm, ein Gartentisch und Stühle. Markus klemmte die Augen schmal, aber er konnte trotzdem die Menschen auf der Terrasse nicht erkennen. Klein wie Schachfiguren bewegten sie sich da unten. Ob wohl Adelheid auch darunter war? Sie hatten sich nun acht Jahre nicht mehr gesehen. Bis zu ihrem zehnten Lebensjahr hatte die Komtesse Karola-Adelheid in Wildflecken die Schulbank gedrückt. Sie war ihm gegenüber auf der anderen Seite gesessen. Sie hatten sich Zettelchen zugeworfen, wie es hundert andere Schulkinder zeitlebens getan hatten und wohl in hundert Jahren auch noch tun werden. Sie hatten das Fräulein Fuchs oft fast zur Verzweiflung gebracht, und einmal hatten sie beide eine Stunde nachsitzen müssen, weil sie beim Leitnerbauern die Wandbirnen gestohlen hatten.

Das alles fiel ihm jetzt wieder ein, während er hier auf einem Moosbuckel saß und mit seinen dunklen Augen ins Land hinaussah. Achtzehn Jahre war er gerade geworden, aber er sah schon aus wie ein fertiger Mann. Er hatte das schmale, kantige

Gesicht der Tofiller, nur sein Mund hatte nicht die herbe Linie wie die der anderen. Sein Mund war weich, wie auch der von der Notburga. Sie hatten ihn von der Mutter vererbt bekommen, die trotz ihrer fünfzig Jahre noch keine Falten im Gesicht hatte, und der das schwere Bergleben noch keine Linie um ihren vollen Mund hatte einzeichnen können.

Plötzlich riß Markus die Schnüre seines Rucksackes auf, mit zwei Griffen hatte er die Büchse zusammengeklappt, denn hinter ihm hatte sich Geröll bewegt wie unter dem Tritt eines Tieres.

Er spannte den Hahn und richtete sich vorsichtig ein wenig auf, dann ließ er jäh die Büchse sinken und schob sie unter die niederen Fichtenbüsche. Was er in dieser verlorenen Einsamkeit am wenigsten erwartet hätte, kam jetzt zwischen den Stämmen zum Vorschein – eine Fuchsstute mit einer Reiterin, einem jungen Mädchen, das wie angegossen im Sattel saß. Die Sonne spielte in ihrem Haar, das die Farbe reifen Getreides hatte. In herrlichen Locken fiel es ihr fast bis zu den Schultern nieder und umrahmte ihr schönes Gesicht wie ein Bild.

Noch hatte sie ihn nicht gesehen. Ihr Blick war zu den leuchtenden Wipfeln hinauf gerichtet. Aus diesem Schauen erwachte sie erst, als sich der Goldfuchs in der Lichtung nach Grasbüschen niederneigte. Da gewahrte die Reiterin den Burschen, der in den kniehohen Fichtenbüschen stand und ihr ruhig entgegensah.

Einen Augenblick leuchtete es in seinen Augen auf, ganz kurz nur, dann schaute er wieder gleichmütig an ihr vorbei. Er hatte sich getäuscht, denn diese junge Dame in den engen Reithosen und den glänzenden Schaftstiefeln hatte nichts gemein mit der Karola-Adelheid, die vor zehn Jahren mit ihm Birnen gestohlen hatte. Die „Grafenheidi" hatten sie sie damals genannt. Sie hatte wunderbare Zöpfe gehabt, die ihr weit über den Rücken hingen.

Die Reiterin griff jetzt fest in die Zügel, und die Stute hob den Kopf vom Boden hoch, das Silberzeug klirrte leise. Kein Muskel bewegte sich in dem vom Sommerwind leicht angebräunten Gesicht. Auch die Arme waren braungebrannt, und wahrscheinlich auch die Hände. Aber die konnte man nicht sehen, weil die Reiterin hellgraue Wildlederhandschuhe trug.

Die Brauen des Mädchens bewegten sich wie im angestrengten Nachdenken. Und auf einmal lächelte sie. Ihre Hand, die die Reitpeitsche mit dem Elfenbeinknopf hielt, scheuchte ein paar Fliegen von den Ohren der Stute weg. Dann sah sie ihn fest an und sagte:

„Wenn ich nicht irre, ein Tofiller?"

Markus nickte und schaute wie gebannt in das Gesicht, das durch das Lächeln eine jähe Wandlung erfahren hatte.

„Aber welcher?" fragte sie jetzt. „Wart, laß mich einmal raten. Der Martin bist du nicht, der hat einen viel strengeren Mund. Aber der Markus?"

„Ja, der Markus bin ich."

Da war sie mit einem Sprung aus dem Sattel und streckte ihm die Hand hin.

„Du kennst mich wohl kaum mehr?"

„Die Heidi?" fragte er zögernd und begriff auf einmal, daß die Zeit, da er und die anderen sie so genannt hatten, längst vorbei war, und daß er sie wohl Komtesse Adelheid hätte nennen müssen. Aber lieber hätte er sich die Zunge abgebissen. Die Tofillerkinder hatten nicht gelernt, vor jemanden den Nacken zu beugen oder sich als geringer zu achten. Man nannte ihren Vater oft den König vom Tofill. Und da waren sie wohl die Königskinder, und die Tofiller saßen schon länger auf ihrem Hof als die Grafen Zinntal auf ihrem Schloß.

Sie nickte ihm zu, hatte den einen Handschuh abgestreift und hielt seine Hand fest.

„Ja, die Heidi bin ich. Wie groß du geworden bist", staunte sie. „Ich habe erst ganz genau hinsehen müssen, ob du es bist, und dann war ich mir noch nicht ganz sicher."

Sie sprach Schriftdeutsch, aber manchmal klang der heimatliche Dialekt durch, den man ihr auch im Institut nicht hatte abgewöhnen können.

„Du hast dich aber", Markus stockte plötzlich und verbesserte sich: „Sie haben sich auch ganz gewaltig verändert."

In ihre Stirn gruben sich ein paar Falten. „Warum sagst du jetzt plötzlich Sie? Wir waren doch Schulfreunde, und wenn sich auch in diesen acht Jahren viel geändert hat, die Erinnerung an jene Zeit ist mir erhalten geblieben. Komm – setzen wir uns doch ein wenig, ich habe Zeit. Erzähl mir von dir. Erzähl, wie es dir in dieser langen Zeit ergangen ist!"

Was gab es aus seinem Leben schon zu erzählen? Aus der Schule gekommen, hatte er sich eingereiht in das Tagewerk, das der Tofill von allen forderte. Nein, es gab wahrhaftig nichts Aufregendes in seinem Leben. Was könnte so ein feines Fräulein schon interessieren? Vielleicht, daß er einen Bruder namens Christian bekommen hatte, daß der Flachs im Vorjahr schlecht geraten war und der ganze Acker höchstens drei Ballen Leinwand abwerfe, oder daß er bereits achtmal auf der Wundspitze gewesen sei.

O, wie täuschte er sich! Adelheid verhielt sich ganz still, während er erzählte, und folgte mit brennendem Interesse seinen Worten. Wie ganz anders war er doch als die jungen Herren, die sie während der Tanzstunden im Institut kennengelernt hatte. Sie hörte dem Klang seiner dunklen Stimme nach, lauschte seinem Bericht.

Plötzlich wandte er ihr sein Gesicht zu. „Und du?“ fragte er. „Wie ist es dir in der langen Zeit ergangen?“

Sie schlug mit der Reitpeitsche nach einer Bremse, die sich auf ihrem Stiefel niedergelassen hatte. Traf sie allerdings nicht, dann hob sie die Augen.

„Mir?“ fragte sie. „Wie soll es mir schon ergangen sein. Zwang ist nie schön, und ich glaube, daß du viel freier lebst. Mein Abitur habe ich übrigens gemacht.“

„Das ist schön“, meinte er, obwohl er nicht wußte, was das ist.

„Ja, aber nun soll ich studieren“, sprach sie heftig weiter, „und weiß nicht was. Medizin meint meine

Mama, aber ich glaube, das liegt mir am wenigsten, dann lieber schon Philosophie. Aber lassen wir das", brach sie plötzlich ab. „Ich finde es zu schön, daß wir uns hier begegnet sind. Weißt du, was ich gern einmal möchte? Mit dir auf die Wundspitze!"

„Aber du ..." sagte er und sah sie zum ersten Mal länger an. Dabei fühlte er, daß ihre Schönheit ihn ein wenig bedrückte. Es konnte aber auch die Spanne der Jahre, die seit der gemeinsamen Schulzeit vergangen war, zu groß sein, als daß er es noch gewagt hätte, nach ihrer Hand zu greifen, so wie früher, als er sie in einem wütenden Schneesturm von der Schule nach Hause brachte. Ihm wurde mit einem Mal bewußt, daß die Kinderzeit versunken war, längst versunken, so wie die Sonne in ein paar Stunden versinken würde. Die Sonne aber kam am nächsten Morgen wieder – die Kindheit nie mehr.

Er stand auf, und auch sie erhob sich. Sie waren beide gleich groß und konnten einander in die Augen sehen.

„Was? Auf die Wundspitze? Dann müßtest du schon noch so sein wie früher, als wir beim Leitner die Birnen gestohlen haben! Ja, mit dir hätte man früher Pferde stehlen können."

„Und meinst du, jetzt nicht mehr?"

„Ich weiß nicht."

Sie legte die Hand auf seinen Arm, in ihren Augen war ein stilles Leuchten.

„Ich will dir etwas verraten, Markus: Ich habe sehr oft an dich gedacht."

Er schüttelte den Kopf. „Nein, das glaube ich

nicht." Und härter, als er wollte, setzte er hinzu: „Es würde sich auch nicht schicken für eine Komtesse Jenna-Zinntal, wenn sie an einen Menschen denkt, der nichts ist als ein Bauernbursch."

Ein wehes Lächeln zuckte um ihren Mund. „Warum dünkst du dich weniger, als du bist? Wie nanntest du dich damals manchmal? Königssohn vom Tofill!"

„Ach, das waren Kindereien", wehrte Markus verlegen ab.

„Aber diese Kindereien hatten doch einen Sinn. Gewiß, die Wirklichkeit sieht anders aus, sie zerstört so manches Märchen, aber es liegt nur an uns, was wir uns zerstören lassen."

Sie sah nach der Fuchsstute, die schon ein gutes Stück entfernt weidete.

„Ich habe auch oft an dich gedacht", sagte er ganz leise und näherte sich ihr. Aber sie hatte es doch gehört.

„Ist das wahr, Markus?"

„Ja, es ist wahr. Aber es hat nicht viel geholfen, du warst so weit weg, ich wußte nicht einmal, wo du stecktest."

Versonnen sah sie vor sich hin, dann sagte sie:

„Manchmal habe ich es gefühlt, Markus, und dann dachte ich immer, ich müßte dir das einmal sagen, wenn ich in den Ferien heimkäme. Aber ich hab ja nie richtige Ferien gehabt. Kaum war ich einen Tag daheim, mußte ich schon die Koffer wieder packen und mit Mama nach Capri oder nach Ischia reisen. Heuer ist es das erste Mal, daß ich meine Ferien hier verleben darf, falls es Mama nicht doch noch anders einfallen sollte. Aber dann werde ich mich wehren, weil ich doch mit dir auf die Wundspitze will, vorausgesetzt, daß du mich überhaupt mitnehmen willst."

„Gut! Am nächsten Sonntag dann", versprach er ihr. „Ich gehe nach Wildflecken in die Frühmesse und warte dann hinter der Brechstube des Leitnerbauern auf dich."

Ehe er sich's versah, hatte sie beide Arme um seinen Hals geworfen.

„Ach, wie ich mich freue!"

Plötzlich ließ sie die Arme jäh sinken. Purpurrot war ihr Gesicht übergossen, und in ihrer Verlegenheit begann sie nach der Reitpeitsche zu suchen, die ihr entfallen war.

Markus hob sie auf und überreichte sie ihr. Scheu blinzelte sie in sein Gesicht, ob sie daraus etwas lesen könnte, Hochmut vielleicht oder Spott. Aber unbeweglich war sein Gesicht, schmal und kantig. Ein Tofillergesicht.

„Du mußt dir nichts denken, es überkam mich so plötzlich, die Freude – weißt du ..."

Er wandte sich ab, weil in ihm selber alles in hellem Aufruhr war. Der harte Stolz seines Vaters hatte ihn plötzlich angeflogen, der Tofillerstolz, der sich genauso vor einem Muttergottesbild in Demut neigen, wie auch in Zorn schnell aufspringen konnte. In so einem hellauflodernden Zorn hatte der Tofiller einmal in St. Margarethen eine halbe Gaststube trinkfester Burschen hinausgeworfen, weil sie die Ehre seines Weibes angegriffen hatten. Bei dieser Rauferei hatte er sein linkes Auge verloren. Von den anderen aber war ein halbes Dutzend wochenlang im Krankenhaus gelegen, auf seine Kosten. Damals war jahrelang Schmalhans Küchenmeister auf Tofill gewesen. Klaglos hatte die Mutter es hingenommen, der Tofiller war dadurch in der Achtung vieler gestiegen, vielleicht hatte man ihm seit damals neidlos den Namen König vom Tofill gegönnt und mit Achtung ausgesprochen. Ein Sproß dieses Königs ohne Untertanen begleitete jetzt die Komtesse Karola-Adelheid von Jenna-Zinntal zu ihrer Fuchsstute und hielt ihr den Steigbügel.

Vom Sattel herunter reichte sie ihm die Hand.

„Behüt' dich Gott, Markus, und ich hoffe sehr, daß am Sonntag schönes Wetter ist."

Dann gab sie der Fuchsstute leicht die Sporen und verschwand im Hochwald. Markus stand eine Weile wie angenagelt, war es Wirklichkeit oder nur ein Traum?

Wirklichkeit war, daß er neben der Adelheid im Moos gesessen und sie die Arme um seinen Hals geschlungen hatte. Traum mußte alles bleiben, was seine Gedanken in der Folgezeit daran knüpfen wollten.

Tief atmend hob er den Blick zu den Wipfeln auf. Ein goldenes Zittern war um alle Zweige.

Wollte es schon Abend werden? Konnte nach so viel Licht Nacht kommen?

Dann besann er sich seines Auftrages. Hastig zog er das Gewehr aus dem Versteck und pirschte zu einer anderen Lichtung, von der er wußte, daß dort die Rehe in der Dämmerung heraustraten. Etwa eine Viertelstunde später fiel der Schuß. Rollend ging sein Echo den Bergwald hinunter. Dann war es wieder still. Nur der Wind rauschte geheimnisvoll in den Zweigen.

In Wildflecken las in der Woche zweimal einer der jungen Geistlichen von St. Margarethen eine stille Messe. Am Sonntag aber war stets ein Amt mit Predigt. Die Kirche in Wildflecken war nicht groß, aber das machte nichts. Wer nicht mehr hineinkonnte, blieb eben draußen in dem kleinen Friedhof stehen. Das waren meist die Mannsbilder. Sie hängten ihren Hut an irgendeinen Grabstein, schoben die Hände in die Hosentaschen und ratschten vom letzten Viehmarkt oder von dem Buchweizen, der heuer überhaupt nicht gedeihen wollte.

Heute hielt der Kaplan Kröger Amt und Predigt, und der Dekan Ignaz Niederhuber hatte seinem Kaplan Kröger am Vorabend schon gesagt:

„Putzen Sie mir die Mannsbilder in Wildflecken morgen ein bisserl runter. Es sind immer dieselben, die zu spät kommen, um dann im Kirchhof ihre Weisheiten zu verzapfen."

Der Kaplan Kröger war bekannt für seine durchdringende Stimme. An diesem Sonntag erhob er sie zu ihrer ganzen Kraft, damit denen da draußen nichts verlorengehe. Er war der Sohn eines Bauern und sprach die Sprache des Volkes.

„Und ihr, die ihr draußen steht, obwohl bei einigem guten Willen auch hier herinnen noch Platz wäre", sagte er, „laßt euch sagen, daß ihr eure Zeit gescheiter damit zubrächtet, hier drinnen um eine gute Ernte und Segen im Stall zu bitten, als da draußen darüber zu murren, daß euch beim Vieh und auf den Feldern etwas mangelt."

Da nahm der Gerber Franz als erster seinen Hut vom Grabdenkmal des Gütlers Lechner und sagte zum Spakler: „Du – der meint ja uns."

„Meinst? Das wäre allerhand! Woher weiß der denn überhaupt, über was wir da heraußen reden?"

„Der hat schon seine Zuträger", sagte der Reisertaler und nahm ebenfalls seinen Hut, der auf dem Grabkreuz des verunglückten Holzknechts Gossner hing.

Da läutete bereits die Wandlungsglocke. Die „Friedhofsteher" klopften dreimal an ihr sündiges Herz. Dann schoben sie ab zum Wirt in Fuchsbichl, am Ende des Weilers Wildflecken, wo die Weißwürste bereits eingelegt waren.

Währenddessen ging der Gottesdienst in der kleinen Kirche zu Ende. Beim Schluß drehte sich Markus Tofill einmal um, und es durchzuckte ihn, als hätte er eine elektrische Leitung berührt.

In dem seitlichen Chorgestühl unter der Kanzel kniete die Gräfin Jenna-Zinntal neben ihrem Mann, der mit seinem viereckig geschnittenen Vollbart und seinem hellgrauen Lodenanzug eher wie ein Bauer aussah, und neben dem Vater kniete Karola-Adelheid.

Also nichts, dachte Markus und vergaß dabei,

das Kreuz beim Schlußsegen zu machen. Er kniete zwischen Vater und Mutter im dritten Gestühl, die anderen Geschwister reihten sich an, denn es war auf Tofill Brauch, daß keines den sonntäglichen Gottesdienst versäumen durfte. Alle Buben hatten einmal ministriert, und auch der Jüngste, der Christian, würde bald damit beginnen.

Das Hochamt war nun zu Ende. Die Frauen und Kinder strömten heimwärts. Die Männer lenkten die Schritte zum Fuchsbichl auf eine Halbe Weißbier.

Traurig ging Markus zur Haarbrechstube. Das war ein aus Felsbrocken gemauertes kleines Gebäude, in dem früher die Bauern ihren Flachs brachen. Heute besorgte das eine mechanische Werkstätte in Tonbruck, der nächstgelegenen größeren Stadt, und die Haarbrechstube verfiel allmählich. Die Dachschindeln waren zum Teil zersprungen, hinter dem Gemäuer wuchsen Brennesseln und Brombeerstauden. In diesem Gewirr hatte Markus seine Sachen versteckt, die er für die Tour auf die Wundspitze gebraucht hätte, Seil, ein paar Mauerhaken und Kletterschuhe. Es war alles in einem Rucksack verpackt, auch etwas Proviant. Er zog ihn jetzt heraus und wollte sich enttäuscht wieder auf den Weg zum Tofill machen.

Als er sich umdrehte, sah er Adelheids Gesicht zwischen den Brombeerstauden leuchten. Ja, ein Leuchten ging von ihren Augen aus. Schneeweiß blinkten die Zähne in ihrem lachenden Mund. Markus sah auf einmal auch die kleinen Grübchen in ihren Wangen und hatte plötzlich das Gefühl, als hätte die Zeit sich zurückgedreht, und die Heidi stünde wieder hinter dem kleinen Schulhaus in Wildflecken und warte auf ihn, daß er sie heimbegleite.

„Ich dachte schon, du kämst nicht", sagte er und zerrte den Rucksack auf seine Schultern.

Ein wenig erstaunt schaute sie ihn an.

„Aber wir haben es doch ausgemacht! Glaubst du denn, daß ich mein Wort nicht halte?"

„Immerhin hätte es sein können, daß man dich nicht hätte gehen lassen."

Sie hielt den Kopf ein wenig schräg und sah ihn schelmisch an. „Das hätte allerdings sein können, wenn ich daheim die Wahrheit gesagt hätte."

„Dann hast du also gelogen?"

„Ich gehe auf den Berg, habe ich gesagt. Unter Berg versteht Mama auch schon die Klingelalm. Also, gehen wir."

Es war ein Tag wie Seide, so als habe Gott ihn nur für diese zwei jungen Menschen anbrechen lassen. Von St. Margarethen herauf läuteten die Glokken, und über das Gemäuer von Jenna-Zinntal floß das Sonnenlicht, daß es fast die Augen schmerzte, wenn man hinschaute.

In einer wunderseligen Beschwingtheit schritt Karola-Adelheid neben Markus den Wiesenhang hinauf. Sie paßte sich seinem zügigen Schritt an und war froh, als der Schatten des Waldes sie umfing. Sie trug einen grauen, weiten Lodenrock und eine weiße Bluse. Dazu derbe Schuhe. Manchmal schaute sie von der Seite her in das strenge Gesicht ihres Begleiters.

„Warum so still, Markus?“ fragte sie nach einer Weile und faßte nach seinem Arm.

Ach, was hätte er denn sagen sollen? Der Morgen war so wunderbar und machte alle Worte überflüssig. Aber es war auch so, daß Markus einfach keinen rechten Weg zu seiner Begleiterin fand, die nun doch jahrelang in einer ihm fremden Welt gelebt hatte. Er kam sich vor, als sei er nur ein Bergführer, dem am Ende des Weges der klingende Lohn für seine Mühe in die Hand gedrückt wurde.

Karola-Adelheid schien seine Gedanken zu fühlen und sagte:

„Ich glaube, du fühlst dich nicht frei, Markus. Warum?“

„Ja“, gestand er, „du hast recht, du bist eben nicht mehr die kleine Heidi von damals.“

„Gott sei Dank“, lachte sie froh und unbekümmert. „Es wäre ja ein Jammer, wenn wir ewig klein blieben! Komm, Markus, denk nicht daran, daß ich es bin, die mit dir auf den Berg geht. Denk, es sei irgendein anderes Mädchen, die Kronwitter Margret vielleicht, oder die Bruckner Cilli.“

Blitzschnell und mißtrauisch sah er sie an.

„Wie kommst du auf die Kronwitter Margret?“

„Ach, nur so.“

„Das heißt, du hast dich umgehört?“

„Ja, das habe ich.“

„Warum?“

„Es interessiert mich eben.“

„Ach so, ja ...“

Immer höher kamen sie. Auf der Klingelalm

machten sie die erste Rast, tranken Milch und aßen dicke Butterbrote dazu. Die Sennerin kannte wohl den Tofillerbuben, aber seine Begleiterin nicht. So meinte sie denn:

„Da hast dir aber was Sauberes mitgebracht."

Markus runzelte die Brauen. Sonst hatte er das lockere Mundwerk der Alten nicht ungern, heute aber war es ihm über die Maßen peinlich.

„Kennst du das Fräulein nicht?" fragte er, in der Hoffnung, daß die Resi dann ihre Zunge besser im Zaum halten würde.

„Wie soll ich denn die kennen? Nie im Leben gesehen. Aber blitzsauber ist sie! Tu fein ein bißl handsam umgehen mit ihr. Wo du mit deinen Pratzen hinlangst, gibt's blaue Flecken."

„Hast du vielleicht schon blaue Flecken kriegt von mir?" fragte Markus lachend.

„So ein altes Weiberl wie mich rührst du schon nicht an – aber hör, am letzten Samstag war der Förster Frankenegg da und hat gefragt, ob ich dich vielleicht gesehen hätt."

Markus versuchte, die Alte unter dem Tisch mit dem Fuß anzustoßen, damit sie schweigen solle.

„Hat er nach mir gefragt?"

„Nicht grad nach dir, sondern nur, ob einer von den Tofillern hier vorbeigekommen sei."

Karola-Adelheid betrachtete in diesem Augenblick gerade mit dem Fernglas die Wundspitze, so daß Markus schnell den Finger auf seinen Mund legen konnte. Da begriff die Resi von der Klingelalm endlich, daß sie still sein sollte.

Kurz hernach brachen sie auf. Eine gute Wegstunde noch über Almfelder und Latschenhänge, dann standen sie am Fuße der Wundspitze.

Die Wundspitze war durchaus kein harmloser Berg. Ein rundes Dutzend Marterl ringsum zeigte, daß sich schon mancher hier zu Tode gestürzt hatte. Auch Markus drehte sich, bevor er den Fuß in den Fels setzte, noch mal um.

„Keine Angst, Heidi?"

Sie schüttelte den Kopf. „Wie soll ich Angst haben, wenn du bei mir bist?"

„Dann, in Gottes Namen."

Die ersten hundert Meter ging es zügig voran. Markus erklärte ihr genau, wo sie den Fuß einsetzen müsse, aber als dann die Wand senkrechter wurde, nahm er sie ans Seil. Und je höher sie kamen, desto freier fühlten sie sich. Als Markus sie einmal auf ein schmales Felsband nachgezogen hatte, auf dem sie bequem nebeneinander stehen konnten, sagte Karola-Adelheid:

„Diesen Tag müßte ich eigentlich mit goldener Feder in mein Tagebuch eintragen."

Markus wischte sich mit dem Handrücken den Schweiß von der Stirn. „Du hast ein Tagebuch?"

„Ja, aber eigentlich müßte es Nachtbuch heißen, weil ich nur nachts, wenn alle anderen schlafen, hineinschreibe."

„Und was schreibst du rein?"

„Alles, was ich erlebe, und was mich bewegt."

„Aha", sagte er und prüfte das Seil um ihre Brust, dann fügte er hinzu: „Wir schreiben uns oben ins Gipfelbuch ein, da brauchst keine goldene Feder und kein Tagebuch.“

Dann sah er mit schmalgeklemmten Augen an der Wand hinauf und suchte mit den Händen schon wieder nach einem verlässigen Griff.

Karola-Adelheid verspürte überhaupt keine Angst. Sie fühlte sich unter Markus' Führung so sicher, als gingen sie einen harmlosen Hügel hinan. Manchmal, während er einen Haken einschlug, richtete sie ihren Blick empor zum Himmel, in dem kleine Schäferwölkchen schwammen. Noch nie hatte sie sich so fessellos frei gefühlt wie in dieser Stunde, in der sie der elterlichen Obhut erstmals entronnen war, denn auch im Institut hatte immer eine strenge Ordnung geherrscht. Auf dem großen Flur hing eine Tafel. In jedem Zimmer hing diese Vorschrift ebenfalls:

Du sollst …

Du sollst …

Es ist untersagt …

Es ist nicht angebracht …

Es ist verboten …

Daheim war es nicht viel anders. Schmunzelte der Vater auch nachsichtig zu diesem und jenem, die strengen Augen der Mutter entdeckten alles. Ihre Litanei klang etwas anders als die im Institut:

„Es schickt sich nicht für eine Komtesse Jenna-Zinntal …“

„Es ist unbegreiflich, wie eine Komtesse Jenna-Zinntal …“

„Es ist einer Komtesse von Jenna-Zinntal unwürdig …“

Ach, wie weit lag das doch jetzt zurück. Ein Vorhang hatte sich über alles niedergelassen. Die Vergangenheit war ausgeschaltet; nur der kühle Atem des Berges war da, der lachende Himmel darüber und in einigem Abstand der Markus, der Freund ihrer Kindheit, der Kamerad, der ihr jetzt jeden Schritt mit Ruhe erklärte, und dessen Griff am Seil völlige Sicherheit gab.

Da hörte man auf einmal von St. Margarethen herauf die Mittagsglocken läuten.

Sie hingen noch in der Wand, aber der Gipfel war schon greifbar nahe, und als Markus seinen Fuß zum letzten Mal über eine leichte Traverse schwang und dann auf dem Gipfel stand, stieß er vor Freude einen klingenden Juchzer aus.

Ein paar Augenblicke später stand auch Heidi neben ihm.

Der Wind fuhr in ihr helles Blondhaar, so daß sie mit beiden Händen erschrocken danach griff, in dem Gefühl, fortgetragen zu werden von den warmen Wellen des Firnwindes, der den Duft von blühenden Brunellen in sich trug.

Markus hatte sich unterdessen zu Füßen des Gipfelkreuzes niedergelassen und die Schnüre des Rucksacks gelöst.

Noch nie im Leben hatte Karola-Adelheid eine Mahlzeit so geschmeckt wie dieses derbe Bauernbrot und der luftgetrocknete Speck. Es war ihr auch noch nie auf solche Weise serviert worden. Markus hatte für sie eine dicke Scheibe Brot abgeschnitten und mit dünnen Scheiben Speck belegt. Sie biß herzhaft hinein und verzog nur das Gesicht ein wenig, als sie aus dem Fläschchen mit dem selbstgebrannten Zwetschgenschnaps einen Schluck genommen hatte.

Sie saß neben ihm, ja dicht bei ihm, denn sonst hätten sie nicht beide eine Lehne am Gipfelkreuz finden können.

Stille ringsum. Traumhafte Mittagsstille im Sonnenlicht.

„Nun bin ich heroben", sagte Adelheid, als sie gegessen hatte. „Und ich bin mit dir heroben, Markus!"

Markus hatte den Rucksack wieder verschnürt und auch das Seil eingepackt, sie brauchten es jetzt nicht mehr, denn den Abstieg wollten sie auf der anderen Seite nehmen, die bequemer war.

„Du könntest aber genauso mit einem anderen heroben sein", antwortete er.

„Nein, Markus, das könnte ich nicht. Aber wie oft warst du es schon mit der Kronwitter Margret?"

Da sah Markus sie zum ersten Mal tief und lange an.

Er langte hinter sich, wo am Fuße des Kreuzes eine wasserdicht abgeschlossene Zinnblechkassette das Gipfelbuch verwahrte. Er schlug es auf, und Komtesse Karola-Adelheid las, daß Markus Tofiller sechsmal allein und zweimal mit seinem Bruder Sebald schon hier gewesen war. Jetzt zog er einen Bleistift aus seiner Hosentasche und schrieb mit ungelenker Schrift unter die Namen eines Ingenieurs Taschner mit Frau Erna aus München:

„Am 13. August waren auf der Wundspitze um die Mittagsstunde Markus Tofiller und die Komtesse ..."

Er wandte das Gesicht nach dem Mädchen: „Wie schreibt man eigentlich Karola-Adelheid, mit K oder mit C?"

„Komm her", sagte sie und nahm ihm den Bleistift aus der Hand, strich das „Markus Tofiller und die Komtesse" durch und schrieb hinter die „Mittagsstunde": „Markus und Heidi."

„So", sagte sie glücklich lachend, „jetzt weiß es jeder oder niemand. Vielleicht, daß es die Kronwitter Margret erraten wird."

Schon wieder dieses halb neugierige, halb spöttische Andeuten!

Und wieder sah Markus das Mädchen an. Die Einsamkeit des Berges begann ihn plötzlich zu bedrükken. Oder war es die Schönheit des Mädchens, die ihn bedrückte, das Alleinsein mit ihr? Was, wenn er sie jetzt in die Arme nehmen würde? Jeder Hilfeschrei würde in dieser Einsamkeit ungehört verhallen.

„Ich möcht dir was sagen, Heidi", begann er dann zu sprechen. „Der Kronwitter und mein Vater, ja, die haben einmal am Stammtisch beim Adlerbräu in St. Margarethen etwas abgemacht, sogar durch Handschlag, so wie man einen Viehhandel abschließt. Auf dem Tofill ist oberstes Gesetz Gehorsam, auch beim Kronwitter ist es nicht anders. Mich und die Margret hat man nicht gefragt, du kennst sie ja noch und weißt, daß ich sie nicht mag."

Karola-Adelheid strich ein paar Härchen aus der

Stirn, die der Wind hineingespielt hatte. „Und was willst du nun tun?"

„Was soll ich denn tun? Ich muß mich eben dem Gesetz vom Tofill beugen."

„Aber, Markus, du kannst sie doch nicht heiraten, wenn ihr euch nicht liebt!"

„Es ist nicht wichtig, daß sie mich liebt. Wichtig ist, daß sie den Tofill liebt, den Berghof mit all der Last, die er denen aufbürdet, die dort zu hausen haben. Unter hundert Mädchen wirst du höchstens zwei finden, die in eine solche Einsamkeit gehen würden."

Jetzt war es eine lange Weile sehr, sehr still zwischen ihnen. Manchmal knarrten die Eisenverstrebungen, mit denen das Kreuz im Fels verankert war. Die Blumen, die jemand vielleicht schon vor acht Tagen ans Kreuz geheftet hatte, waren dürr und raschelten im Wind. Das Gipfelbuch lag längst wieder in der Kassette.

Jetzt erst spürte Karola-Adelheid eine wohlige Müdigkeit durch ihre Glieder fließen, und sie schloß die Augen.

„Nein, nicht hier", sagte Markus und zog sie an der Hand hoch. „Wir steigen wieder ab, siehst du den Almrosenhang dort unten?"

Ja, sie sah den Almrosenhang, sah viel weiter unten St. Margarethen und darüber beherrschend die Zinnen und Scharten des Schlosses.

„Ach", lachte sie plötzlich hellauf und ließ sich an seiner Hand abwärts führen, „was sie wohl sagen würden, wenn sie wüßten ..."

„Manchmal ist eine halbe Wahrheit auch von Wert. Sie wissen doch, daß du in den Bergen bist", antwortete er. Karola-Adelheid wurde darauf recht schweigsam, bis sie sagte:

„Aber ob halbe Wahrheiten immer recht sind? Im Grunde genommen verabscheue ich jede Lüge. Du glaubst gar nicht, Markus, aus wieviel Lügen das Leben zusammengesetzt ist, weil man mit der Wahrheit nicht immer durchzukommen glaubt. Das sagte mir einmal meine Mutter, und doch bin ich der Meinung, daß nur die Wahrheit auf den rechten Weg führt. Alle Wege, die sich über die Lüge finden lassen, enden eines Tages doch in einer Sackgasse. Wenn es irgendwie geht, dann lüge du mich bitte nie an."

„Ich werde gar keine Gelegenheit haben, dich anzulügen."

„Sag das nicht, Markus. Die Gelegenheit kann schneller kommen, als man meint."

Markus blieb stehen, mitten auf dem Hang mit den blühenden Almrosen. „Dann erkläre mir, warum du nicht gesagt hast, daß du mit mir auf die Wundspitze gehst?"

„Weil man es mir sonst verboten hätte!"

„Daß du mit mir die Tour machst?"

„Ja, wahrscheinlich auch das, und weil es ja für ein Mädchen viel zu gefährlich ist." Und plötzlich lachte sie wieder und ließ sich mitten in die Almrosen fallen. „Aber ich war ja oben – Markus, stell dir vor, ich war oben! Seit meiner Kindheit war das schon mein Wunsch, und heute war ich oben, mit dir, das kann mir niemand mehr nehmen, und wenn man mich fragt, dann werde ich es nicht leugnen. Setz dich zu mir. Der Nachmittag ist noch lang und gehört uns."

Markus ließ sich neben ihr nieder und zog eine kurze Pfeife aus seiner Hosentasche.

„Rauchst du?" fragte Karola-Adelheid.

„Manchmal. Aber wenn es dich stört ..."

„Nein, im Gegenteil, ich mag es sogar gerne, wenn ein Mann Pfeife raucht."

Sie legte sich zurück, die Hände hinter dem Kopf verschlungen. Markus füllte seine Pfeife mit billigstem Knaster und setzte sie in Brand.

Versonnen schaute er vor sich hin und dann wieder in das Gesicht des Mädchens neben sich. Sie hatte jetzt die Augen geschlossen. Wie gebannt starrte er, da er sie schlafend wähnte, auf ihren Mund. Das Verlangen, sie zu küssen, wuchs in die gleiche Grenzenlosigkeit wie die Angst, daß sie dann aufschreien und davonrennen würde, um nie mehr mit ihm eine Stunde beisammensein zu wollen.

Aber Karola-Adelheid schlief gar nicht, obwohl sie die Augen geschlossen hielt und sich ihre Brust regelmäßig hob und senkte unter tiefen Atemzügen wie im Schlaf; denn plötzlich war ihre Hand da und griff in sein Haar und zog sein Gesicht zu sich heran.

Noch nie hatte Markus so nahe in die Augen eines Mädchens gesehen. Ihm war, als schaue er in zwei Brunnen, auf deren Grund etwas Goldenes lag. Noch nie war er einem Mädchenmund so nahe gewesen. Ihr Atem wehte um seine Schläfen. Es war alles so voller Bänglichkeit in ihm, daß er die Augen schließen mußte, und es war ihm dabei zumute, als dürfe er sie nimmermehr öffnen, damit der Zauber dieser Stunde erhalten bliebe.

Ihr Kuß fiel als leuchtender Stern in sein Herz. Er empfand es wie ein Wunder und getraute sich auch jetzt nicht, die Augen zu öffnen, weil er fürchtete, das Wunder könne dann kein Wunder mehr sein, es könne zerfließen und nie mehr wiederkehren.

Aber ihre Lippen fanden sich immer wieder, und das blieb Wahrheit. Ein Märchen in blühenden Almrosenbüschen, im Schatten der Wundspitze und unter einem strahlendblauen Himmel, über den friedsam weiße Schäferwolken zogen.

Endlich richtete Karola-Adelheid sich auf. Ihre Wangen glühten, aber es war keinerlei Verlegenheit in ihr, und sie sagte ruhig: „Ich wußte, daß es so kommen würde, weil ich es mir so wünschte – und es so wollte."

„Du hast es so gewollt?" fragte er, und sah sie lange an. Wie ein kalter Nebel legte es sich über sein Glücksgefühl, und mit einer ihm selber fremden Stimme fuhr er fort: „Ja, so ist es in deinem Leben immer gewesen. Was du gewollt hast, hast du bekommen. Ob es nun ein Reitpferd war oder Puppen. Diesmal hast du dir halt mich gewünscht."

„Markus!" Ihr Gesicht hatte die Farbe gewechselt. Zwischen ihren Brauen stand eine tiefe Falte.

„Es war kein Kunststück, mir den Kopf zu verdrehen, denn ich muß zugeben, ich bin verliebt in dich."

„Verliebt ist gut“, antwortete sie mit bitterem Klang in der Stimme und lachte klirrend hinterher. „Ich liebe dich – du, das wiegt viel schwerer als dein Verliebtsein. Ach, was weißt du denn von mir! Ich habe vor dir noch niemals einen Mann geküßt außer meinen Vater.“

Sie klammerte sich plötzlich wieder an ihn. „Bitte, glaube nicht, ich sei nur so zum Zeitvertreib heute mit dir auf die Wundspitze gegangen. In mir ist etwas ausgebrochen – nicht heute, nein, das war am letzten Sonntag schon, als ich dich so unvermittelt im Wald traf, und du weißt nicht, wie ich auf diesen Tag gewartet habe! Sag mir ehrlich, ob du es bereust?“

Da fand er wieder sein Selbstvertrauen, zog sie an sich und küßte sie, wohin er gerade traf.

„Du Tschapperl, du“, lachte er. „Was soll ich denn bereuen, hab dich doch auch gern, merkst du denn das nicht?“

„Doch, Markus, und weil du heute sagtest, es gebe unter hundert höchstens zwei, die auf den Tofill möchten, muß ich dir jetzt sagen, daß es doch drei sind. Ich nämlich. Ja, ich ginge mit Freuden auf den Tofill. Ich möchte alles mit dir teilen: Mühe und Plage, Hitze und Kälte, Freude und Leid, denn – ich liebe dich.“

Dieses plötzliche Bekenntnis ihrer jungen Liebe hörte sich wunderschön für ihn an. Er war nicht viel älter als sie, aber er verlor sich nicht in Zukunftsträumen, sondern erkannte die Wirklichkeit ganz klar. Dieses Wunder wird – vielleicht schon bald zu Ende sein. Sie wird wieder fortgehen und dann draußen in ihrer Welt vergessen, daß es einen Berghang mit blühenden Almrosen gegeben hat und Küsse an einem Sommertag, dessen Stunden es sehr eilig hatten; denn die Sonne stand jetzt schon im schrägen Winkel zur Wundspitze. Aber er sagte diese Gedanken nicht, weil sein Herz bis zum Rand gefüllt war von diesem Glück, das doch nie Erfüllung finden könnte.

Hand in Hand saßen sie und schauten in das weite Land hinaus. In nördlicher Richtung sah man auf einem Höhenzug die langgestreckten Gebäude des Klosters Maria-Gnaden. Vom Haupthaus selbst sah man nur das Dach und die Schornsteine über dem üppigen Blättergewirr eines Laubwaldes. Alles war von feinen Dunstnebeln umschleiert.

Markus wußte zu berichten, daß er einmal als halbwüchsiger Knabe den Fußmarsch von acht Stunden zur Wallfahrtskirche nach Maria-Gnaden gegangen sei, weil die Mutter nach den zwei Buben von der Muttergottes ein Mädchen hatte erbitten wollen. Und dann sei tatsächlich die Martha gekommen. Acht Stunden hin, acht Stunden her. Sechzehn Stunden an einem Tag. Das letzte Wegstück aber habe die Mutter ihn auf den Arm nehmen müssen, weil seine Füße wund geworden waren.

Warum erzählte er gerade das? Es saß ein wunderschönes Mädchen neben ihm in den Almrosen und hielt seine Hand. Er müßte doch eigentlich von anderem jetzt sprechen. Das Mädchen wartete vielleicht sehnsüchtig auf ein Bekenntnis seiner Liebe.

Aber das war gar nicht so. Sie hörte mit Inbrunst auf jedes seiner Worte und sagte dann versonnen:

„Wenn du mich einmal nicht mehr liebst, gehe ich ins Kloster."

„Und ich bleib als Eremit auf dem Tofill", ergänzte Markus lachend. Denn er konnte sich seine Heidi nicht als eine Ehrwürdige Mutter vorstellen.

„Nein, mein Lieber", lachte sie. „Das wirst du in alle Ewigkeit nicht." Sie schmiegte sich zärtlich an ihn, und ihr Mund flüsterte an seinen Schläfen vorbei: „Ich liebe dich – ich liebe dich. Du weißt nicht, wie sehr ich dich liebe ..."

Über dem Park von Jenna-Zinntal brütete die Nachmittagssonne. Nur der Burghof lag im Schatten der alten Ulmen. Vom Burghof führte eine breite Steintreppe von nur vier Stufen in eine überdachte Terrasse, die sich dann in der Tiefe in eine enger werdende Diele verlor, die aber immerhin noch so groß war wie der Tanzsaal eines kleinen Dorfgasthauses.

Auf der mit Untersberger Marmorplatten belegten Terrasse lag die Gräfin Mechthild in einem Liegestuhl. Etwas von ihr entfernt saß Graf Arno in einem Rohrsessel mit hoher Rückenlehne. Sein Gesicht mit dem kurzgestutzten Vollbart hing ihm tief auf seine Brust nieder. Die Zeitung, in der er geblättert hatte, lag am Boden. Er war eingeschlafen, und manchmal, wenn er einen kurzen Schnarcher von sich gab, hob Gräfin Mechthild stirnrunzelnd den Kopf.

„Arno, beherrsche dich doch ...", sagte sie dann. Aber Graf Arno hörte sie nicht, er träumte wohl von seinen Hirschen und Gemsen oder von einer zünftigen Flasche Bocksbeutel, den er für sein Leben gern trank.

Tiefe Stille über allem. Nur die Fontänen im Schloßpark plätscherten, und manchmal knarrte die rostige Wetterfahne auf dem östlichen Erkerturm.

Plötzlich war ein Schritt auf dem Kieselweg des Parkes zu hören. Frau Mechthild legte den Zeigefinger zwischen die Seiten des Buches und hob den Kopf.

Mit raschen Schritten näherte sich Förster Anton Frankenegg, ein großer, stattlicher Mann mit energischen Gesichtszügen, mit schmalen, flink umherhuschenden Augen von grünlich schillernder Farbe, die eines gütigen Blickes gar nicht fähig zu sein schienen.

Karola-Adelheid hatte schon vom ersten Tag an für diesen Menschen keine Sympathie gehabt. Sein Liebedienern, besonders der Mutter gegenüber, widerte sie an. Und wo es sich machen ließ, wich sie ihm aus.

Erwartungsvoll sah Gräfin Mechthild ihm entgegen, denn es war doch eine etwas ungewohnte Zeit für einen Besuch. Sicher hatte es im Revier etwas Außergewöhnliches gegeben, dessen Meldung keinen Aufschub duldete.

Jetzt stand er auf der Terrasse und zog vor der Gräfin Mechthild seinen grauen Filzhut mit den wippenden Reiherspitzen.

Die Gräfin war aufgestanden. Ihre dunklen, ausrasierten Brauen waren hochgezogen.

„Was gibt es, Frankenegg?"

Der Förster drehte seinen Hut eine Weile in den Fingern, bis ihn die schon etwas ungeduldig gewordene Stimme der Gräfin von neuem aufforderte:

„Na, so reden Sie schon! Hat es etwas gegeben auf der Jagd?"

Da hob er die Augen, schubste die Büchse weiter hinter die Achsel und sagte: „Mit der Jagd hat das eigentlich weniger zu tun, es ist, nach meiner unmaßgeblichen Meinung, aber doch ein unliebsames Vorkommnis, das ich melden zu müssen meine."

„Reden Sie nicht lange herum, was gibt es?"

„Ich weiß nicht, Frau Gräfin, ob ich mich in private Dinge mischen darf; ich möchte aber nicht verhehlen, daß es mir große Sorge bereitete, als ich heute gegen Mittag vom Nogelkamp aus durch das Fernglas in der Südwand der Wundspitze die Komtesse Karola-Adelheid erkennen konnte."

Die Gräfin verfärbte sich, bewahrte aber sonst Haltung. Nur ihr Mund preßte sich hart zusammen.

„Allein?" fragte sie tonlos.

„Nein, sie hing am Seil des jungen Tofiller Markus."

Dies war nun endlich dazu angetan, die Gräfin zu verwirren. Ja, es war die verwirrendste Nachricht, die sie seit vielen Jahren empfangen hatte. Ihr Gesicht war nur mehr steinerne Maske und sah doch so aus, als ob sie sich nicht mehr sicher fühlte.

Und dort schnarchte Graf Arno und träumte

von seinen Hirschen! Eine scharfe Unmutsfalte erschien auf ihrer Stirn. Aber die Gräfin wurde sich gerade noch rechtzeitig bewußt, daß es sich in Gegenwart eines Angestellten nicht schickte, den Schlafenden mit einem Anruf zu wecken.

„Und dann?" fragte sie.

„Dann waren sie lange auf dem Gipfel."

„Und dann? Bitte nehmen Sie doch Platz."

Sie schob mit dem Fuß einen niederen Hocker herbei und setzte sich selber wieder auf die Kante des Lehnstuhls, weil sie fürchtete, daß noch etwas kommen könne, bei dem es besser war, man saß schon.

„Ja, dann stiegen sie auf der anderen Seite ab."

Die Gräfin sah auf ihre Armbanduhr. „Dann müßte die Komtesse bereits hier sein. Es ist schon vier Uhr. Haben Sie noch mehr beobachten können?"

„Ja, dann lagen sie auf dem Almrosenhang."

Die Gräfin nahm ihr goldgefaßtes Lorgnon in die Hand, um irgend etwas zu tun. Sie konnte es aber doch nicht verhindern, daß ihre Hände heftig zitterten.

„Sie lagen?" fragte sie mit halb erloschener Stimme.

„Oder sie ruhten sich aus von der immerhin anstrengenden Tour", meinte der Förster.

Und sonst sahen Sie nichts? Haben sie sich geküßt oder ..." Dieser Frage wich Frankenegg geschickt aus und deutete nur auf sein Fernglas, das er um den Hals trug. „Ein Zeissglas wäre besser als dieses."

Aber die Gräfin kannte sich schon aus, haßte plötzlich die verkniffenen Mienen des Försters, stand auf und legte ihre Hand auf die Schulter des Schlafenden. „Arno, wach auf, der Förster ist da."

Erschrocken fuhr der Graf in die Höhe, rieb sich die Augen und besann sich plötzlich.

„Ach ja, ich werde sofort fertig sein. Haben Sie meine Doppelflinte dabei, Frankenegg? Oder den Kugelstutzen?"

„Es ist vier Uhr nachmittags und nicht drei Uhr früh, wie du zu meinen scheinst", sagte die Gräfin.

„Ach so –? Ja –" Graf Arno griff sich in seinen Bart, riß sich daran, als wollte er sich dadurch vergewissern, nicht mehr zu schlafen. Dann richtete er seine Augen mit plötzlicher Schärfe auf den Förster. „Frankenegg, warum sind Sie hier, was ist los? Es ist – es wird doch keine Sauerei gegeben haben im Revier? Sie wissen –"

„Arno, mäßige dich bitte in deinen Ausdrükken", unterbrach ihn die Gräfin. „Es ist etwas geschehen, ja, aber das hat mit deiner Jagd gar nichts zu tun."

„Ach so, nichts mit der Jagd, dann ist es ja nicht so schlimm."

„Schlimm genug, wenigstens für meine Begriffe." Das Lorgnon in ihrer Hand zitterte heftig. „Aber ich glaube, daß die Nachricht auch dich interessiert. Deine Tochter war heute mit dem jungen Tofiller auf der Wundspitze."

Graf Arno schaute einen Augenblick verdutzt drein, dann lachte er dröhnend.

„Also das ist doch allerhand! Respekt! Das Mädel hat Mumm in den Knochen! Schau so einen

Fratz an. Und mit dem jungen Tofiller, sagst du? Da kannst du ganz beruhigt sein, der Bursche kennt den Berg genau."

„Ich glaube, Arno, du freust dich auch noch darüber?"

„Natürlich freut mich das. Es ist immerhin eine Leistung für ein Mädel. Da kann dein Hubertl sich ein Beispiel nehmen. Wo der mit dem Wagen nicht mehr hinfahren kann, ist die Welt für ihn zu Ende."

„Arno, ich muß dich schon bitten, der Sache den nötigen Ernst beizumessen. Was Hubert betrifft, so hat er bisher immer noch gewußt, was er seinem Namen schuldig ist. Karola-Adelheid scheint das aber vergessen zu haben. Sie geht mit einem Bauernburschen in die Berge, und nicht nur das, nein, sie ruht mit ihm auf einem Almrosenhang und läßt sich von ihm küssen."

Graf Arno strich sich wieder seinen Bart. Sein Blick ging eine Weile schweigend von seiner Frau zu Förster Frankenegg und wieder zurück zu seiner Frau. Dann sagte er:

„So, das auch noch. Dann sind sie dumm genug, wenn sie sich dabei zusehen lassen." Er warf dabei wieder einen Blick auf den Förster. „Haben Sie das vielleicht gesehen und gemeldet?"

Frankenegg wurde die Situation nun doch allmählich peinlich. Er trat von einem Fuß auf den anderen und schubste sein Gewehr wieder zurück. „Das habe ich zwar nicht gesehen ..."

„Aber es ist anzunehmen", erwiderte die Gräfin.

„An so einem Bußl ist noch niemand gestorben.

Du tust ja gerade, als ob das ein Verbrechen wäre", meinte der Graf.

„Verbrechen nicht, aber es ist einer Komtesse Jenna-Zinntal unwürdig. Du scheinst gar nicht zu begreifen, was das heißt, wenn sie mit so einem Bauernlümmel ..."

„Bitte, sag mir nichts über die Tofiller. Die Burschen haben Mark in den Knochen und Ehre im Leib. Zwar haben sie mir vermutlich schon manchen Bock weggeputzt. Aber beweisen läßt sich auch das nicht. Oder, Herr Förster?"

Frankenegg fühlte sich nicht mehr recht wohl in seiner Haut und stotterte: „Ich hoffe, daß ich es eines Tages beweisen kann."

„Gut, aber Sie kennen meinen Standpunkt, Frankenegg. Ich will unter gar keinen Umständen haben, daß einer in meinem Revier zusammengeschossen wird. Gehen Sie jetzt. Morgen früh um drei Uhr sehen wir uns wieder, wie ausgemacht. Kommt der Bock auch sicher auf den Wechsel?"

„Totsicher, Herr Graf."

Frankenegg deutete noch so etwas wie eine Verbeugung an, dann machte er eine Kehrtwendung und ging eiligst fort.

Kaum waren sie allein, verlor Gräfin Mechthild ihre Beherrschung.

„Ich muß schon sagen, es ist allerhand, wie leicht du die Dinge nimmst. Ich glaube, du bist dir gar nicht bewußt, was daraus entstehen kann."

Graf Arno hatte sich wieder in seinen Rohrsessel gesetzt und die Zeitung ergriffen.

„Was soll denn daraus schon entstehen? Wenn es darauf ankommt, weiß die Heidi genau, wo ihre Grenze ist. Sonst müßte ich ja bezweifeln, daß deine Erziehungsmethode richtig war. Ich glaube, du nimmst die Sache zu wichtig. Schau, Mechthild, wenn man in die grauen Haare kommt, ist es an der Zeit, daß man sich erinnert, wie es war, als man selber jung war."

Mit einem Ruck blieb Gräfin Mechthild vor ihm stehen. In ihren Augen loderte es auf.

„Deine grauen Haare sind nicht meine grauen Haare, merk dir das, Arno, und was das Erinnern betrifft, so brauch ich mir nicht vorzuwerfen, jemals mit einem Bauernburschen auf einen Berg gestiegen zu sein."

„Ich werde schon mit ihr reden, wenn sie heimkommt."

Damit war für Graf Arno die Sache erledigt. Nicht aber für die Gräfin Mechthild. Sie wußte, wie sein „Reden" ausfallen würde, wenn es sich um Karola-Adelheid handelte. Sie war sein Herzbinkerl, und in sie sah er hinein wie in einen Spiegel, während er den Sohn zuweilen abkanzelte wie einen Schuljungen, obwohl Graf Hubert bereits fünfundzwanzig und mit einer Baronesse von Schockstein verlobt war.

Gräfin Mechthild ging hinein, nahm sich im Jagdzimmer ein Fernglas und stieg die Wendeltreppe hinauf zum südlichen Erkerzimmer. Aber so sehr sie auch Ausschau hielt, Karola-Adelheid konnte sie nirgends entdecken. Sie sah nur einen rötlich glänzenden Abendhimmel, in dem ein paar Bussarde ihre Kreise zogen.

Sie hätte noch drei Stunden in diese Richtung schauen können. Karola-Adelheid hätte sie dennoch nicht entdeckt, denn die saß um diese Stunde vergnügt und von einer Seligkeit sondergleichen erfüllt am großen Eichenholztisch auf dem Tofill und ließ sich den dicken Griesbrei schmecken, der zum Abendessen aufgetischt worden war. Sie fand es einfach himmlisch, daß man um sie kein großes Aufheben machte, wenn auch die Tofillerin es sich nicht hatte nehmen lassen, ihr einen silbernen Löffel aus dem Glaskasten zu holen.

Als einziger aß der Tofiller Fleisch. Es war kaltes Wildbret vom Mittag noch, das aus den Wäldern des Grafen Jenna-Zinntal stammte, geschossen von seinem Sohn Markus am vergangenen Sonntag.

Ja, es war eine ganz andere Welt für Karola-Adelheid. Die Tofillmädchen zeigten ihr hernach ihre Kammer, öffneten die Schranktüren weit, um der Komtesse die Brautausstattung zu zeigen. Sie sagten du zu ihr und Heidi, weil sie es von früher nicht anders kannten.

„Es ist natürlich nichts gegen das, was du einmal haben wirst“, sagte Martha.

„Ach“, antwortete Karola-Adelheid und seufzte dabei, „das Wichtigste im Leben ist nicht Reichtum. Auch in leeren Händen kann Glück aufblühen. Es kommt nur darauf an, den richtigen Gefährten zu finden.“

Dann mußte sie doch an den Heimweg denken. Sie bedankte sich bei allen mit Handschlag für die freundliche Aufnahme. Nur Markus gab sie nicht die Hand und deutete damit an, er solle sie hinausbegleiten.

Der Abend war nun schon recht tief gesunken. Sie saßen unterhalb Wildflecken auf einer Bank, von wo der Blick auf den Burghof und die Wirtschaftsgebäude des Schloßgutes ging.

Markus hatte den Arm um ihre Schulter geschlungen.

„Hast du keine Angst, Heidi, daß du gescholten wirst heute?"

„Angst?" fragte sie und schmiegte ihr Köpfchen gegen seine Brust. „Heute früh hatte ich Angst, daß der Tag nicht so werden würde, wie ich ihn mir wünschte. Aber nun ist ja alles gut, Markus. Ich bin so glücklich, daß du mich auf den Tofill mitgenommen hast. Deine Mutter ist eine wunderbare Frau."

„Deine Mutter ist auch schön", sagte er.

Immer tiefer sank der Abend. St. Margarethen war schon von den Schleiern der Dämmerung verhüllt. Im Schloß flammten ein paar Lichter auf. Etwas später bohrten sich die Scheinwerfer eines Autos durch die aufkommende Nacht. Sie kamen den Berg herauf, bogen dann in einer scharfen Kehre nach links und erloschen im Schloßhof.

„Mein Bruder Hubert", sagte Karola-Adelheid. Dann schlang sie plötzlich ihre Arme um Markus' Hals und küßte ihn.

Von der Wundspitze her wehte ein kühler Wind,

und auf einmal waren auch die ersten Sterne da. Karola-Adelheid deutete zu einem hinauf.

„Der dort, der große, glänzende, der gar so stark leuchtet, das bist du. Der kleine daneben bin ich. Ach, laß mich doch in dein Leuchten kommen, Markus."

Markus Tofiller wußte mit solchen Worten nicht viel anzufangen. Sie sprach wie eine Traumwandlerin, und er mußte sie mit einem Kuß wohl erst wieder zurückholen in die Wirklichkeit.

„Wann sehen wir uns jetzt wieder?" fragte er. „Nächsten Sonntag?"

„Nein, Markus. So lange kann ich nicht warten. Komm am Mittwoch, so gegen neun Uhr abends zum Schloß hinunter. Warte dort hinter der Kapelle auf mich. Und nun – gute Nacht. Und habe Dank für den schönen Tag und für alles ..."

Und schon war sie weg. Nach einer Weile hörte er sie noch aus der Dunkelheit heraufrufen:

„Vergiß mich nicht, Markus!"

„Nein!" schrie er zurück. Dann hörte er nichts mehr. Nur später vermeinte er, das Knarren eines Eisentores zu hören. Und wieder Stille.

Langsam wandte er sich bergwärts. Auf dem Tofill brannte kein Licht, sie mußten sich schon schlafen gelegt haben. Markus wollte sich die Stunden dieses Tages noch mal genau ins Gedächtnis zurückrufen, aber es kam ihm alles durcheinander. Das Glücksgefühl, das in ihm brauste, verwirrte ihn, und aus all diesen zwiespältigen Gefühlen kristallisierte sich nur die Erkenntnis, daß ihn eine grenzenlose Sehnsucht nach diesem Mädchen erfüllte. Solange sie heute um ihn gewesen war, hatte er das gar nicht empfunden. Aber jetzt überwältigte es ihn mit aller Macht, und er mußte sich beherrschen, nicht hinter ihr herzulaufen, um sie noch einmal in die Arme nehmen zu können.

Für ihn war sie nicht mehr die Komtesse Karola-Adelheid, sondern das Mädchen Heidi, das ihm in Liebe zugetan war, und dem er als erstem Menschen sein Innerstes aufschloß. Nicht der leiseste Gedanke kam ihm, daß dies alles nur ein Traum bleiben müsse. So wie sie heute abend am Tofillertisch gesessen war, so könnte sie später einmal immer dort sitzen als die Herrin vom Tofill und neidlos hinuntersehen auf Schloß Jenna-Zinntal, ihrer einstigen Welt, von der sie sich gelöst hatte, um dem Berghof Tofill zu dienen.

Der Mond stieg über den östlichen Waldspitzen herauf und überschüttete das Land mit seinem verklärten Licht. Vielleicht lächelte er über den hochgemuten Träumer, dem die Liebe die Wirklichkeit verwischte, und der noch nicht wußte, daß es nur Leid bringen konnte, wonach er jetzt seine Hand begehrend auszustrecken begann.

In der Diele, in der während der heißen Jahreszeit auf Schloß Jenna-Zinntal immer gewohnt wurde, weil es dort angenehm kühl war, saß die Familie zusammen. Zwar gehörte Emma von Schockstein noch nicht ganz dazu, aber sie durfte als Braut des jungen Grafen Hubert dem Familienrat beiwohnen.

Ja, Familienrat hatte die Gräfin Mechthild es genannt, so eine Art Gerichtssitzung über ein räudiges Schaf der Familie.

Aber das Schäflein war immer noch nicht daheim, obwohl es schon Nacht wurde. Dies war aber auch das einzige, was den Grafen Arno unangenehm berührte. Er ließ es sich zwar nicht anmerken, trotzdem sah er verstohlen alle Augenblicke auf die Uhr.

Endlich war auf der Terrasse ein schneller Schritt zu vernehmen. Die Schiebetür wurde zu einem kleinen Spalt aufgeschoben, und Karola-Adelheid trat ein. Sie bot einen erfreulichen Anblick, ihre Augen blitzten blank aus dem gut gebräunten Gesicht, dessen Farbe nur auf dem Berg erworben sein konnte. Sie sah an den zürnenden Augen der Mutter vorbei zu ihrem Vater hin; es war ein hoffnungsvolles Lächeln, als wolle sie damit sagen: Du hilfst mir schon, gelt?

Wider ihr Erwarten aber war es heute der Graf, der zu fragen begann.

„Du hattest wohl keine Uhr dabei?“ fragte er.

Einen Augenblick stutzte Karola-Adelheid. In der Stimme des Vaters war ein leises Grollen zu vernehmen.

„Ich habe selten eine Uhr bei mir“, antwortete Karola-Adelheid. „So einen Tag, wie ich ihn heute erlebte, mißt man auch nicht mit einer Uhr, Papa!“

„Nur nicht poetisch werden“, meinte der Graf. „Zumindest hättest du uns sagen können, daß du auf die Wundspitze gehst. Schließlich ist das ja kein Spaziergang.“

„Ach so, ihr wißt es schon? Na, dann brauche ich nicht mehr lange zu erzählen.“ Karola-Adelheid ließ sich auf einen Stuhl fallen. „Ja, ich war oben. War das herrlich, die Welt so von oben her zu sehen!“

Da klirrte böse die Stimme der Gräfin Mechthild dazwischen: „Und dann im Almröschenfeld zu ruhen.“

„Ach, das weiß man auch schon?“ fragte Karola-Adelheid erstaunt. „Euer Nachrichtendienst funktioniert ja prächtig. Aber ich bin dir dankbar, Mama, daß du nicht gleich Boten ausgeschickt hast, mich heimzuholen.“

Die Gräfin wuchs aus dem Stuhl, dessen mächtige Lehne bisher Rahmen ihres Gesichtes gewesen war, lebhaft und zornig empor.

„Muß ich dir erst sagen, daß es sich für eine Komtesse von Jenna-Zinntal nicht ziemt, mit einem gewöhnlichen Bauernburschen mutterseelenallein auf einen Berg zu steigen, bei dem jeder falsche Schritt das Leben kosten kann?“

„Sehr richtig“, pflichtete Graf Hubert seiner Mutter bei und streifte die Asche der Zigarette ab.

Karola-Adelheid maß ihn mit spöttischem Blick.

„Mit dir könnte ich ja nicht hinaufsteigen, denn dazu wärst du viel zu faul, vielleicht auch zu feige.“

Emma von Schockstein verzog schmerzlich den blutrot geschminkten Mund und flatterte ein wenig mit den Augenlidern. Sie fand es entsetzlich, daß man ihren göttlichen Hubert als feige bezeichnete. Hubert selber aber amüsierte sich mehr darüber und meinte lachend:

„Ja, weißt du, ich habe so mein Prinzip. Die Berge soll man sich von unten ansehen, die Bars von innen und die Kirchen von außen.“

„Das möchte ich überhört haben“, tadelte die Gräfin und wandte sich wieder Karola-Adelheid zu. „Immerhin ist auch das eine Geschmacklosigkeit, wenn man vormittags in die Kirche geht, um nachmittags zu sündigen.“

Karola-Adelheid wurde flammend rot. „Wer hat gesündigt? Wie kannst du nur so sprechen, Mama! Ja, ich gebe zu, der Tofiller Markus war bei mir, ohne ihn wäre ich nie auf die Wundspitze gekommen. Ich habe dann auf dem Tofillerhof zu Abend gegessen und kann euch versichern, daß es mir selten so gut geschmeckt hat.“

„Auch das noch“, stöhnte die Gräfin. „Womöglich aus einer Schüssel, wie es da oben noch Brauch sein wird.“

„Jawohl, aus einer großen Schüssel. Aber man gab mir einen silbernen Löffel.“

„Und du schämst dich gar nicht?“

„Ich habe keinen Grund, mich zu schämen.“

„Aber ich schäme mich. Für dich! Ihr habt euch auch geküßt, nicht wahr?“

Karola-Adelheid hob den Kopf. Aus verständnislosen Augen sah sie die Mutter an.

„Fragt man so etwas überhaupt, Mama?“

Das Gesicht der Gräfin verfärbte sich. „Diese Antwort sagt mir alles. Du bist dir scheinbar gar nicht bewußt, auf welchen Abwegen du dich bewegst. Arno – ich dachte, du wolltest ihr den Kopf waschen.“

„Mit Shampoo“, witzelte Graf Hubert.

„Später, später“, wich Graf Arno aus. Um seinen Mund zuckte es dabei, als ob er lächeln wolle. „Sag einmal, Heidi, wie seid ihr gegangen? Über die Südwand?“

„Ja, über die Südwand, Papa.“

„Und wie seid ihr über das Band gekommen?“

„Eigentlich gut. Ich begreife jetzt gar nicht, daß es so leicht gewesen ist.“

„Das Verbotene ist immer leicht“, sagte die Gräfin mit Betonung. „Aber das Erwachen aus dem Verbotenen ist weniger einfach, es ist die Ernüchterung.“ Sie hob ihr Lorgnon und betrachtete die Tochter, als wolle sie feststellen, ob sich in diesem Gesicht etwas verändert habe, seit sie es nicht mehr gesehen. Und da glaubte sie nun tatsächlich eine Veränderung zu bemerken. Es war, als habe sich diesem schmalen Gesicht etwas eingeschrieben. Es leuchtete von innen heraus, der Mund hatte eine weiche Form, die Augen hatten das Scheue verloren und blickten die Menschen am Tisch offen an. Die Gräfin fand diesen Blick herausfordernd und konnte nicht mehr an sich halten:

„Es scheint mir außer allem Zweifel zu stehen, daß du dich verliebt hast in diesen Bauernstoffel. Schweig! Jetzt rede ich. Daß dir die Schamröte nicht ins Gesicht springt, sagt mir zur Genüge, wie weit du schon gesunken bist!“ Sie richtete ihre Augen auf den Grafen. „Arno, wenn du auch immer diesen Tofillern die Stange gehalten hast, jetzt, meine ich, ist der Zeitpunkt gekommen, wo du ein

Machtwort sprechen wirst. Oder willst du tatenlos zusehen, wie dieser Kerl –"

„Mechthild", unterbrach Graf Arno sie, „übertreib nur nicht gleich. Wenn ich deiner Pädagogik immer etwas ablehnend gegenübergestanden bin, so möchte ich doch annehmen, daß sie eines erreicht hat, nämlich, daß unsere Heidi sich nicht in etwas verirrt, von dem sie wohl selber wissen wird, daß es keinen Zweck hat. Und damit möchte ich für heute die Aussprache als erledigt betrachten. Ich nehme nicht an, Heidi, daß du morgen schon wieder zur Wundspitze willst, sonst hieße das Ziel nämlich wirklich nicht mehr Wundspitze, sondern Markus Tofiller."

Jetzt wurde Karola-Adelheid brennend rot, denn der Vater hatte ihre Gedanken genau erraten. Ja, am liebsten möchte sie morgen wieder mit Markus auf irgendeinen Berg. Da sie aber wußte, daß dies nicht möglich war, weil ja Markus an einem gewöhnlichen Werktag dazu keine Zeit hatte, sagte sie:

„Nein, Papa."

Daraufhin wurde es still. Die Gräfin schaute auf ihre Hände nieder. Hubert zündete sich eine neue Zigarette an, und Emma von Schockstein begann mit einem Strohhalm Zitronenwasser zu trinken. Graf Arno aber stand auf und streckte sich.

„Für mich wird es Zeit. Ich möchte morgen früh endlich auf meinen Bock kommen. Kommst du mit, Hubert?"

Hubert erschrak geradezu vor dieser Aufforderung.

„N – nein, Papa. Ein andermal vielleicht."

„Wie erwartet", antwortete Graf Arno sarkastisch. „Ich habe mir sagen lassen, daß du dich draußen in der Welt zu benehmen weißt. Aber ein Jäger bist du, daß es Gott erbarmen könnte. Gute Nacht!"

Man hörte seinen schweren Schritt über die Stiege gehen, dann wurde es still, so still, daß man eine Maus hätte laufen hören. Bis Graf Hubert sagte:

„Ja, Schwesterherz, ich muß Mama recht geben. Mir scheint, da bist du wieder einmal sauber danebengetrampelt. Ich nehme zwar an, daß es nichts Ernsthaftes ist, immerhin schadet es nicht, wenn du diesem Tofiller gelegentlich sagst, daß ich ihn gehörig auf die Pfoten schlagen werde, wenn er dich nicht in Ruhe läßt."

Da stand Karola-Adelheid auf, ganz langsam, strich ihren Rock glatt und sah den Bruder aus schmalen Augen an.

„Das hättest du, gerade du, besser nicht gesagt, Hubert. Markus Tofiller ist nicht der Mensch, der sich von dir auf die Pfoten schlagen läßt. Solch ein Versuch könnte für dich recht unangenehm ausgehen. Spotte ruhig über ihn und bilde dir ein, mehr wert zu sein, weil du zufällig als Grafensohn geboren bist. Warst du dir wirklich immer dieses Standes bewußt, daß du ein Recht hast, dich über jeden zu erheben? Soweit ich mich erinnere, bist gerade du oft in zweifelhafte Gesellschaft geraten. Wie oft hat Papa dich denn loseisen müssen? Wenn du jetzt einen geraderen Weg gehst, so mag das vielleicht dein Verdienst sein, Emma. Wenn ich dich, Hubert, neben Markus so betrachte, dann ist das Licht und Schatten."

„Interessant", staunte Graf Hubert und hatte plötzlich zwei scharfe Falten auf der Stirn. „Unser sanftes Täubchen will mir Moral predigen!"

Karola-Adelheid aber ließ sich nicht aus dem Text bringen. Ihre Stimme hatte jetzt die Verhaltenheit verloren, und sie schrie nun so wie das Fräulein Fuchs aus der Kinderzeit, wenn es sich anders bei dem Lärm der Kinder nicht mehr durchzusetzen vermochte.

„Behalte deinen Spott ruhig für dich. Wo hast denn du dich schon bewährt? In Bars und Nachtlokalen. Markus Tofiller aber hat sich auf seinem Hof bewährt. Der Tofill hat nichts zu verschenken. Man kann ihm alles nur in mühseliger Arbeit abgewinnen."

„Genug jetzt!" schrie die Gräfin, deren hervorstechender Wesenszug doch eine unbeirrbare Wohlerzogenheit sein sollte. „Du redest ja warm für diesen Kerl da oben! Das sagt mir genug."

„Ich rede nicht warm für ihn, ich wehre mich nur für ihn, weil er selbst sich nicht wehren kann. Ihr tut ja gerade so, als hätte ich ein Verbrechen begangen."

„Die Grenze wird nicht weit davon sein", antwortete die Gräfin mit eisiger Kälte. „Aber es ist gut, daß du dich nicht verstellen kannst. Meinst du, daß ich nicht sehe, wie dein Herz entflammt ist? Da wird es höchste Zeit, die Konsequenzen zu ziehen. Und ich werde sie ziehen, verlasse dich darauf."

Karola-Adelheid war es plötzlich müde, noch weiter zu streiten, obwohl alles in ihr drängte, den dreien da ins Gesicht zu schreien: Ja, ich liebe ihn. Macht mit mir, was ihr wollt, ich liebe ihn trotzdem ...

Aber hätte dieses Geständnis einen Sinn? Sie erschwerte ja dadurch ihre Lage nur und mußte damit rechnen, daß die Mutter sofort die Koffer packen ließ, um mit ihr wieder nach Capri zu reisen.

So zog sie es lieber vor, jetzt zu schweigen und sich zurückzuziehen; mochten sie nun hinter ihr herreden, was sie wollten.

Es wurde aber gar nicht mehr viel gesprochen, weil die Gräfin eingesehen hatte, daß hier gehandelt und nicht gesprochen werden müsse. Sie tadelte auch ihren Sohn Hubert nicht, als er von seiner Schwester Karola-Adelheid die Meinung hatte, daß sie eine „alberne Gans" sei, sondern überließ die Brautleute sich selbst und zog sich zurück. Sie zog sich so zurück wie jeden Abend vor dem Schlafengehen, wenn Hubert ihr die Hand küßte und Emma von Schockstein ihr eine „geruhsame Nacht" wünschte.

Gräfin Mechthild ging aber nicht auf ihr Zimmer, nahm draußen in der Garderobe einen Schal an sich, schlang ihn um die Schultern und trat in die Nacht hinaus.

Sternschön funkelte der Himmel über dem Land, dem der Mond einen silbernen Glanz verlieh. Von der Turmuhr des Schlosses schlug es die zehnte Stunde. Sie schritt durch den weiten Gutshof. Im Stall wieherte ein Pferd. Vielleicht war es Elsa, die

Schimmelstute, die den Schritt draußen erkannt hatte und erwartete, daß die Stunde für den Morgenritt schon angebrochen sei.

Die Gräfin ging mit weiten, schwebenden Schritten dahin, nicht bedenkend, daß man sie sehen könnte. Und wenn? Sie war die Herrin hier und konnte hier gehen, wohin sie wollte zu jeder Stunde.

Hinter den Gutsgebäuden war ein kleiner Pflanzgarten, und dahinter lag das Haus der Jäger. Es brannte kein Licht mehr im Haus, aber die Nacht war vom Mondlicht so hell, daß man das große Hirschgeweih über der Tür mit allen zwölf Zacken erkennen konnte.

Die Gräfin klopfte an eines der Fenster, und als von da keine Antwort kam, an ein anderes. Aber auch da mußte sie ein drittes Mal recht nachdrücklich klopfen, bis sich drinnen etwas regte. Licht wurde angemacht, und die Gräfin schloß eigenhändig schnell die Läden von außen.

Die Tür öffnete sich, und Frankenegg stand nur mit Hose und Hemd bekleidet auf der Schwelle.

„Oh, die Frau Gräfin?“ sagte er mit unverhülltem Staunen.

An ihm vorbei betrat sie die kleine, niedere Stube. Sie nahm den Schal ab und legte ihn über die Stuhllehne. Dann setzte sie sich an den Tisch, auf dem noch die Reste eines Abendessens standen, ein halber Brotwecken, etwas Wurst und Butter und eine geleerte Bierflasche.

Frankenegg beeilte sich, in die Schuhe zu schlüpfen und eine Joppe anzuziehen. In seinem Gesicht war eine lauernde Spannung, und es paßte wohl nicht ganz in das Konzept der Gräfin, daß der Förster fragte, was ihm die Ehre des späten Besuchs verschaffe. Sie fand die Situation nun selber etwas merkwürdig und antwortete:

„Ich bin gekommen, weil ich Sie brauche."

Anton Frankenegg knöpfte das Hemd am Hals zu und setzte sich der Gräfin gegenüber. Sein Arm streckte sich nach dem Fensterbrett, wo eine Flasche stand. Er ergriff sie und dazu zwei Gläser.

„Ich stehe ganz zu Diensten der Frau Gräfin. Um was handelt es sich? Und darf ich der Frau Gräfin vielleicht ein Gläschen anbieten?"

„Danke, ich trinke keinen Alkohol."

„Aber ich darf doch?"

„Legen Sie sich meinetwegen keine Schranken auf. Zunächst eine Frage, die Sie mir heute nachmittag nicht beantwortet haben, oder nicht beantworten wollten. – Die beiden haben sich doch geküßt?"

„Ich weiß nicht, wen die Frau Gräfin meint", antwortete Frankenegg, denn gar so leicht wollte er es ihr auch nicht machen.

„Sie wissen ganz genau, wen ich meine. Meine Tochter und diesen Dingsda."

„Den jungen Tofiller", nickte er und trank sein Glas mit einem Zug leer. Dann sah er in das hochmütige Gesicht seines Gegenübers, sah auf ihren Mund, eine lange Zeit, und dann erst in ihre Augen.

„Und wie sie sich geküßt haben. Ach, noch einmal so jung sein." Er leerte sein zweites Glas.

„Reden Sie nicht, Frankenegg. Sie sind noch lange kein Greis!“

„Und Sie, Frau Gräfin, sind doch auch noch jung!“

„Lassen wir das. Ich habe gesagt, daß Sie mir helfen sollen. Zwar kümmere ich mich nicht um die Jagd, aber aus Ihren Gesprächen mit meinem Mann habe ich schon öfters entnommen, daß Sie Verdacht haben, daß die Tofillers – wie sagt man da gleich?“

„Hinausgehen“, erwiderte Frankenegg. „Der Herr Graf nennt es wenigstens so. In meinen Augen ist es gewöhnliche Wilddieberei.“

„Gut, das wollte ich zunächst einmal wissen. Und ist es so, daß Sie von Ihrem Schußrecht Gebrauch machen dürfen, wenn Sie im Revier einen antreffen, der dort nichts zu suchen hat?“

„Ja, das heißt – ich muß ihn zuerst anrufen und darf erst dann schießen, wenn der Wilddieb auf mich anlegt, ich also in Notwehr bin.“

Die Gräfin schwieg eine Weile, sie schwieg so lange, bis der Förster den dritten Schnaps getrunken hatte.

„Was trinken Sie da eigentlich?“ fragte sie dann.

„Wacholderschnaps. Frau Gräfin sollten ihn unbedingt einmal probieren.“

„Also, meinetwegen. Es wird mich nicht gleich umbringen.“

„Im Gegenteil, ganz im Gegenteil. Wacholder belebt und – verjüngt.“

„Was Sie nicht sagen.“ Die Gräfin lachte. „Verjüngt er tatsächlich?“ Sie trank und schüttelte sich dann. „Prr, ist das Zeugs aber scharf.“

„Nur der erste Schluck. Je mehr man davon trinkt, desto milder wird er", antwortete Frankenegg und fragte diesmal gar nicht mehr, ob er einschenken dürfe.

„Und wer will dann hernach beweisen, daß es Notwehr war? Sollen Sie denn warten, bis Sie zusammengeschossen sind?"

„Das Gesetz ist nun einmal so."

„Jedes Gesetz kennt Umwege. Ich meine – wenn Sie zum Beispiel diesem Tofiller begegnen, mit einem Gewehr in der Hand, in Ihrem Revier, dann könnten Sie doch sofort auf ihn schießen, anrufen meinetwegen und gleich schießen?"

„Das wäre Mord."

Die Gräfin trank das zweite Glas leer und blickte auf den dunklen Strich in der Flasche, der vom Boden nicht mehr recht weit entfernt war.

„Warum denn gleich so schwere Worte. Ich habe nicht gesagt, daß Sie ihn erschießen sollen, nur unschädlich machen und verhaften, daß er eingesperrt wird. Das will ich. Verstehen Sie mich denn nicht?"

Der Jäger ließ seinen Blick über den Tisch hinweg in den ihren hineinkreuzen.

„Doch, ich verstehe die Frau Gräfin sehr gut. Aber der Herr Graf ist ausdrücklich dagegen."

„Ach, mein Mann", sagte die Gräfin und machte dabei eine wegwerfende Handbewegung. „Sie vergessen, daß ich auch noch da bin. Ich stehe hinter Ihnen und decke Sie."

„Wirklich, Frau Gräfin?"

Sie mußte nun doch die Augen senken vor seinem

flammenden Blick. Auf einmal begriff sie, daß es vielleicht nicht ganz richtig sei, bei diesem Mann zu sitzen und Schnaps zu trinken. Aber sie konnte doch jetzt das Gesagte nicht mehr rückgängig machen.

„Ich bitte Sie, daß Sie mich nicht mißverstehen, Frankenegg."

„Keineswegs, Frau Gräfin. Komtesse Karola-Adelheid soll nie mehr mit diesem Tofiller in den Almrosen sitzen."

„Nein, nie mehr. Ich verlasse mich auf Sie, Frankenegg und werde auch von mir aus noch einiges dazutun."

„Frau Gräfin können sich auf mich verlassen."

Sie schob ihre Hand über den Tisch, und er ergriff sie. Ergriff sie auf eine Art und Weise und über die Gebühr hinaus lange, daß die Gräfin erblaßte, als sie die Flamme in den Augen des Mannes sah, von der sie wußte, daß sie verzehren möchte.

„Ach – Frau Gräfin ...", flüsterte er heiser.

Mehr erschrocken als zornig zog sie die Hand zurück und erhob sich. Groß und hoheitsvoll stand sie vor ihm, mit kühlen Augen und hartgeschlossenem Munde. Ganz Gräfin.

„Sie haben wohl zuviel getrunken", sagte sie.

„Nur um zwei Gläser mehr als die Frau Gräfin. Ich könnte noch eine Flasche trinken, ohne betrunken zu sein, höchstens trunken nach ..."

Ihr Blick war auf einmal wie Eis, und darum sprach er den Satz nicht zu Ende. Er reichte ihr den Schal, und sie legte ihn um ihre Schulter.

„Will sehen, ob ich mich auf Sie verlassen kann",

sagte sie noch und schritt zur Tür. Dort besann sie sich noch mal. „Aber es soll kein direkter Auftrag sein."

„Ich verstehe, keine Anstiftung zum Mord."

Die Gräfin erschrak vor diesem Wort, als habe sie einen Schlag empfangen.

„Wenn Sie es so meinen, dann vergessen Sie, daß ich hier gewesen bin", sagte sie stolz, sehr stolz. Dann schritt sie hinaus in die Nacht.

Am hellen Schlag der Turmuhr erkannte sie, daß sie fast eine Stunde im Jägerhaus gewesen war. Eine lange Zeit für eine Frau Gräfin, eine peinlich lange Zeit, wenn sie jemand gesehen hätte, obwohl nichts geschehen war.

Eine Sternschnuppe zog ihre Silberbahn vom Zenit in den dunklen, nördlichen Horizont. Die Gräfin hob die Augen, aber sie wünschte sich nichts dabei. Sie war froh, den Nacken so steil zu den Sternbildern aufrichten zu können, als daß sie ihn hätte beugen müssen.

Die Gräfin hatte gesagt, daß sie auch von sich aus einiges dazutun werde. Und so schrieb sie denn gleich am nächsten Vormittag ihrer Freundin, der Baronin Altstetten, einen ausführlichen Brief, in dem sie an den vor Jahren gefaßten Plan erinnerte, deren Sohn Wolf-Dieter und ihre Tochter Karola-Adelheid miteinander zu verheiraten. Komtesse Karola-Adelheid sei nun inzwischen ein heiratsfähiges Mädchen geworden, aber es fehle ihr hier begreiflicherweise am nötigen Umgang. Das heutige

Schreiben möchte nun daran erinnern, daß die Baronin längst einen Besuch versprochen habe, und da sie, die Gräfin Mechthild, heuer nicht verreise, sei dies vielleicht gerade der richtige Zeitpunkt.

„Teile mir also bitte umgehend mit, liebe Olga", schrieb sie weiter, „wann ich mit Eurem Besuch rechnen darf. Ja, bring Deinen Goldjungen nur mit, es ist sowieso ein wenig einsam auf Jenna-Zinntal. Bei dieser Gelegenheit können sich die jungen Leute näher kennenlernen."

Als der Brief fort war, dachte Gräfin Mechthild, daß sie von sich aus alles getan habe, um das verirrte Kind wieder auf den rechten Weg zu führen.

Das „verirrte Kind" aber, die Komtesse Karola-Adelheid, hatte an diesem Vormittag ihrer Mutter nicht viel zu sagen, als sie von ihrem Morgenritt heimkam. Zwar legte es die Mutter darauf an, das Gespräch vom gestrigen Abend weiterzuführen, aber in einer anderen Weise, ganz gütig und mütterlich. Es schien ihr wichtig, daß Karola-Adelheid jetzt ihre Zuflucht zu der mütterlichen Liebe nahm, von der die Gräfin so gerne sprach und so oft, daß die Tochter es längst erkannt hatte als eitle Selbstgefälligkeit der Gräfin Mechthild, die sich an den schönen Worten von der mütterlichen Liebe berauschte.

„Hast du guten Ritt gehabt, mein Kind?" fragte sie, als Karola-Adelheid nach einer Weile umgekleidet am Frühstückstisch erschien.

„Ja, danke, Mama."

Gräfin Mechthild strich in rührender Sorgfalt zwei Butterbrote für ihr Kind. Dabei sagte sie:

„Wenn ich gestern abend etwas heftig gewesen bin, liebes Kind, dann bitte ich dich, zu verstehen, daß es nur meine übergroße Sorge um dich und deine Zukunft war.

„Ja, Mama."

„Schau, du kennst das Leben noch nicht, und darum muß ich dir sagen, daß solche Dinge, wie du sie dir gestern geleistet hast, sehr gefährlich sind."

Karola-Adelheid hatte eigentlich etwas ganz anderes antworten wollen. Aber sie sagte nun doch ein wenig ergeben: „Vielleicht hast du recht, Mama."

„Ja, siehst du", sprang die Gräfin hurtig auf diesen ergebenen Ton ein. „Wenn ein Mensch irrt, dann ist das nicht so schlimm, wenn er den Mut hat, seinen Irrtum einzusehen. Es freut mich, mein Kind, daß du diesen Mut hast. Darin erkenne ich dich als meine Tochter."

„Ich habe mich nicht verirrt, Mama", antwortete Karola-Adelheid und legte die Betonung auf das Wörtlein „nicht".

„Dann ist ja alles gut, liebes Kind. Vielleicht schätze ich diesen jungen Tofiller verkehrt ein, immerhin mußt du begreifen, daß er kein Umgang für dich ist. Es ist ja auch ein bißchen langweilig hier, das gebe ich zu. Aber vielleicht werden wir bald ein wenig Abwechslung bekommen."

„Ja? Wirklich?"

„Wahrscheinlich werden die Baronin Altstetten und ihr Sohn auf ein paar Wochen zu Besuch kommen."

Mit einem raschen Blick schaute Karola-Adelheid auf.

„Du kennst ja die Baronin von Capri her."

„Doch, doch, Mama. Das ist doch die, von der du sagtest, daß ihr Schmuck nicht ganz echt sei."

„Kann sein, daß ich das gesagt habe. Immerhin verfügen die Altstettens über umfangreiche Besitztümer. Alter Adel übrigens. Der verstorbene Altstetten war – glaube ich – ein Vetter des Fürsten Lobenstein."

„So?" sagte Karola-Adelheid, als interessiere sie dies nicht im mindesten. Ihre Gedanken waren ganz woanders, und es war gut, daß die Mutter dies nicht erraten konnte.

Gestern um diese Zeit, dachte sie, waren wir auf der Klingelalm. Ach, sie hatte schon wieder so brennende Sehnsucht. Warum hatte sie Mittwoch gesagt und nicht heute! Bis zum Mittwochabend waren noch drei lange Tage.

Zum Glück mußte die Mutter jetzt ihr Gespräch beenden, denn Emma von Schockstein hatte mittlerweile ausgeschlafen und erschien am Frühstückstisch. Sie hatte nur mehr zwei Tage, dann mußte sie wieder abreisen. Mit einer hinreißenden Liebenswürdigkeit begrüßte sie ihre zukünftige Schwägerin Karola-Adelheid, und als die Gräfin Mechthild die beiden allein ließ, um in der Küche nach dem Rechten zu sehen, tätschelte sie Adelheid die Wange.

„Hoffentlich hat dir der kleine Familienkrach gestern abend den Schlaf nicht geraubt", sagte sie. Sie betrachtete ihre rotlackierten Fingernägel und lachte dann. „Im Grunde genommen war ich ja auf deiner Seite. Mütter nehmen das nur immer gleich so tragisch. So ein kleiner Flirt versüßt das Leben nur und bleibt einem auch später als liebe Erinnerung. Wenn es irgendwie geht, mußt du mir diesen Tofiller noch zeigen."

„Es wird aber kaum gehen", antwortete Karola-Adelheid.

„Schade, ich hätte ihn zu gerne kennengelernt. Magst du mir bitte den Zucker reichen? Übrigens, im Vertrauen gesagt: Als ich so alt war wie du, hatte ich auch einen Flirt mit einem unserer Gutseleven. Ach, wenn ich noch an die ersten Küsse denke! Leider kam meine Mutter dahinter, und er mußte gehen."

„Und – du hast dann nie wieder etwas von ihm gehört?" fragte Adelheid gespannt.

„Nein, nie wieder. Am Anfang tat es ein bißchen weh, aber nach ein paar Wochen war alles vergessen."

„Dann ist es nicht Liebe gewesen."

„Liebe? Ich glaube, man sollte diesem Wort nicht soviel Bedeutung beimessen. Das heißt, in deinem Alter, da sieht man alles rosenrot. Aber dann flacht alles ab. Da ist's am Anfang Neugierde und dann die Feststellung, daß jeder Mann doch nur das gleiche will."

Karola-Adelheid empfand diese leicht hingeworfenen Worte wie einen Schlag.

„Aber du liebst doch meinen Bruder?" fragte sie.

„Natürlich! Sonst würde ich ihn ja nicht heiraten."

„Und – es macht ihm nichts aus, daß du schon andere Liebschaften hinter dir hast?"

„Aber ich bitte dich, Adelheid. Das war doch vor ihm. Ich mache ihm ja auch keine Vorwürfe über seine Vergangenheit. In solchen Fällen ist Vergangenes eben vergangen. Ich glaube, du mußt noch einiges lernen, Adelheid."

„Ich – glaube schon auch. Nur – lach mich nicht aus, Emma – ich war immer der Meinung, daß man sein Herz nur einmal verschenken, daß man nur einmal lieben kann mit der ganzen Seele, weißt du ..."

„Seele? Warum denn so große Worte? Wenn ich dir einen Rat geben darf, dann laß die Seele möglichst aus dem Spiel."

„Wirkliche Liebe, glaube ich, kommt aber nur aus der Seele", sagte Karola-Adelheid, „und man muß sie ernst nehmen."

„Aber auf keinen Fall ernster, als es sich lohnt", lachte Emma von Schockstein und wandte sich dann Graf Hubert zu, der soeben das Frühstückszimmer betrat.

Karola-Adelheid hätte sich wirklich keinen schlechteren Tag als den Mittwochabend für ihr Stelldichein mit Markus Tofiller auswählen können.

Huberts Verlobte reiste am nächsten Morgen ab, und Gräfin Mechthild plante noch ein kleines Abschiedsfest. Wenn sie so etwas wollte, mußte sich sogar Graf Arno dreinfügen und seine Lederhose mit einem schwarzen Anzug vertauschen.

Das Abendessen wurde diesmal auch nicht in der Diele, sondern im Salon mit den Rokokomöbeln eingenommen. Der Gärtner Adolf erhielt am Nachmittag die dunkelblaue Livree ausgehändigt, damit er sie noch ein wenig in die Luft hänge, weil der Geruch der Mottenkugeln an diesem Kleidungsstück so aufdringlich war. Am Abend hatte er zu bedienen, und seine Frau mußte ihm zu diesem Zweck noch die weißen Handschuhe stopfen.

Das Essen war für sieben Uhr angesetzt. Karola-Adelheid dachte, daß es ja zum Glück jetzt vor neun Uhr sowieso nicht dunkel wurde. Bis dahin konnte alles vorüber sein. Zu ihrem Schrecken aber gewahrte sie, daß die Mutter den Flügel in den Salon hatte schieben lassen, und daß auch Huberts Geige bereitlag.

Das hieß also, daß sie mit Hubert musizieren sollte, während Emma von Schockstein ihre unvermeidlichen Schubertlieder sang, um sich dann sagen zu lassen, daß sie eine sehr schöne Stimme habe, obwohl jedermann wußte, daß dies nicht die Wahrheit war.

So schützte also Karola-Adelheid so gegen halb sieben Uhr schon rasende Kopfschmerzen vor. Aber es half ihr nicht viel, die Mutter war gleich mit Tabletten zur Hand und sagte:

„Wenn dir eine nicht hilft, nimmst du noch eine zweite."

Endlos zog sich das Essen hin. Karola-Adelheid konnte ihre Aufregung kaum noch verbergen. Als sie am Flügel saß, gingen ihre Augen immer wieder zum Fenster hin, vor dem die Dämmerung so rasend schnell wuchs. Sie war heute nicht beim Spiel, und verpatzte Hubert oft den Einsatz seiner Geige. Er sah sie ein paarmal vorwurfsvoll an. Zum Glück sang Emma wieder ziemlich laut und gefühlsbetont, so daß Graf Arno ein paarmal wie unter einem körperlichen Schmerz die Lippen verzog, während Gräfin Mechthild mit feierlichem Gesicht dasaß.

Um neun Uhr stand Karola-Adelheid vom Flügel auf und griff sich mit beiden Händen an die Schläfen.

„Nimm doch noch eine Tablette", sagte die Mutter.

„Es hilft nichts, Mama. Bitte entschuldigt mich. Emma, du nimmst es mir doch nicht übel? Wir sehen uns ja morgen früh noch mal."

„Aber nein, liebe Adelheid. Lege dich ruhig schlafen. Schlaf ist das beste für Migräne."

In diesem Augenblick war Karola-Adelheid ihrer zukünftigen Schwägerin sehr zugetan. Sie küßte die Mutter auf die Stirn und schmiegte ihre Wange eine kleine Weile an die des Vaters. Dann ging sie langsam hinaus.

Draußen lehnte sie sich an die Wand. Einen Augenblick schämte sie sich vor sich selber und vor dem Theater, das sie gespielt hatte. Aber die Sehnsucht nach Markus war stärker, und sie sprang nun, gleich zwei Treppen auf einmal nehmend, in ihr Zimmer hinauf.

Sie riß das Cocktailkleid herunter und schlüpfte in ihr Dirndlgewand. Dann trat sie ans Fenster und sah hinaus. Im Park war schon tiefe Nacht, nur über den Ulmenkronen war noch eine kleine Andeutung von Licht, aber das konnte auch schon von den Sternen herkommen. Von den Gutsgebäuden klang einmal kurz das helle Lachen eines Mädchens herüber, dann schlug eine Tür zu, und wieder Stille.

Karola-Adelheid hatte jetzt alle Unruhe verloren. Die leise, bebende Angst vor diesem ersten Stelldichein war verflogen. Was sie jetzt tat, tat sie bewußt und mit klarer Überlegung. Sie sperrte die Zimmertür von innen zu. Dann setzte sie den Fuß über das Fensterbrett hinaus und angelte nach den Sprossen des Spaliers, an denen hier ein Birnbaum aufgebunden war. Dann zog sie den anderen Fuß nach.

Das Abenteuer nahm seinen Anfang.

Wie ein geübter Fassadenkletterer griff sie von Sprosse zu Sprosse und war bald unten.

Die Turmuhr warf einen Schlag in die Nacht. Ich habe mich schon um eine Viertelstunde verspätet, dachte Karola-Adelheid und schlich über den gespenstisch stillen Burghof bis zu der kleinen Eisenpforte, hinter der ein mit Steinen belegter Weg zur nahen Kapelle führte, hinter der die Ruhebank mit den Fliederbüschen war. Und dort glaubte Karola-Adelheid einen Schatten zu erkennen.

„Markus ...", flüsterte sie.

Stumm kam der Schatten auf sie zu. Und ohne ein Wort zu sagen, hielten sie sich umklammert, und küßten sich, als seien sie eine halbe Ewigkeit getrennt gewesen.

Die uralten Fragen: Hast du mich noch lieb?

Hast du viel an mich gedacht? Hast du dich gefreut auf diese Stunde?

Alle Scheu war von Markus abgefallen, das Schloß Jenna-Zinntal war weit weg, und es gab kein Schloßfräulein Komtesse Karola-Adelheid für ihn, sondern nur das liebende Mädchen Heidi, das in seine Bauernwelt eingetreten war.

Er wurde erst hellhörig, als sie sagte:

„Stell dir vor, Markus, sie wissen alles."

„Was alles?"

„Daß wir auf der Wundspitze waren und hernach bei den Almrosen."

„Hast du es gesagt?"

„Nein, aber ich habe auch nicht geleugnet. Es muß uns jemand gesehen haben, Markus. Ich habe auch einen Verdacht, aber ich möchte ihn nicht aussprechen."

„Das kannst du ruhig tun, Heidi. Das war wahrscheinlich der Frankenegg, dieser Schleicher. Als wir auf der Klingelalm saßen, habe ich ihn über den Kamm pirschen sehen."

„Ja, den hab ich auch gemeint", antwortete Adelheid und griff nach seiner Hand. „Sag, Markus, hast du eigentlich etwas gegen ihn?"

„Ich nicht gegen ihn, aber er gegen uns."

„Markus, darf ich dich etwas fragen?"

„Warum denn nicht? Ich werde dich nicht anlügen."

„Du gehst – wildern?"

Einen Augenblick erschrak er und wußte keine rechte Antwort.

„Du brauchst keine Angst zu haben, daß ich dir deswegen böse bin", sprach Karola-Adelheid schnell weiter, als sie sein Stocken bemerkte. „Ich verstehe viel zu wenig davon – ich weiß nicht einmal, ob das strafbar ist."

„Ja, nach ihren Begriffen ist es strafbar", antwortete Markus jetzt. „Aber es hat bis jetzt noch nie Reibungspunkte gegeben. Erst seit dieser Frankenegg hier ist, hat es angefangen."

„Und – ist Gefahr dabei, Markus? Muß ich Angst haben um dich?"

„Angst überhaupt nicht", beschwichtigte er sie. „Der Frankenegg schaut ja viel zu langsam, als daß er mich erwischen könnte."

„Und hinausgehen mußt du?"

„Ja, Heidi, das muß ich wohl, wenn der Vater es anschafft."

Sie grübelte eine lange Weile darüber nach, dann meinte sie: „Sprechen wir nicht mehr davon. Es ist schade um die Zeit."

Ja, die Zeit, die blieb nicht stehen. Viertelstunde um Viertelstunde schlug es über die Schloßmauer her, und mit einem Male war es Mitternacht. Erst als der letzte Schlag ausgeklungen hatte, schien es Karola-Adelheid, daß ihr nächtliches Aussteigen doch ein wenig abwegig war. Zugleich aber wußte sie auch, daß sie es immer wieder tun würde.

„Wenn ich nur wieder gut hinaufkomme", meinte sie ängstlich, als sie schon am Eisentürchen standen.

Es ging dann doch viel leichter, als sie gedacht hatte, denn Markus gab am Spalier seine Hände als

Steigbügel her, und Adelheid konnte gleich in die unteren Sprossen greifen.

Markus wartete noch, bis sie durch das Fenster eingestiegen war und ihm von oben herunter zugeflüstert wurde:

„Hab Dank! Und vergiß nicht, übermorgen abend wieder."

Wie sollte er das vergessen! Er war doch selber erfüllt jetzt von dieser jungen Liebe, die ihn wie eine Flamme erfaßt hatte.

Da Karola-Adelheid es mittlerweile gelernt hatte, daß Verschweigen noch nicht Lüge sein mußte, machte es ihr jetzt gar nichts mehr aus, als die Mutter so beiläufig wissen wollte, ob sie inzwischen wieder auf dem Tofill gewesen sei.

Dies konnte sie sogar mit einem ehrlichen Nein beantworten, denn sie war auf dem Hof selber nie mehr gewesen. Daß sie ihren Morgenritt so einrichtete, daß sie in die Nähe des Tofills kam, wo Markus vielleicht gerade das Frühfutter für die Kühe mähte, brauchte sie nicht sagen, weil sie darum nicht gefragt wurde.

Gräfin Mechthild aber war von der tiefen Genugtuung erfüllt, daß ihre mütterliche Güte den Irrweg ihres Kindes hatte beseitigen können.

Und so sagte sie nach etwa vierzehn Tagen mit der Sicherheit einer Frau, die sich am Ziel ihrer Wünsche sieht: „Ich kann dir heute die freudige Mitteilung machen, Heidi, daß du in Zukunft nicht mehr so allein und einsam auszureiten brauchst.

Heute bekam ich endgültigen Bescheid von meiner Freundin, daß sie übermorgen kommen werden."

Karola-Adelheid erschrak, denn sie hatte die Absicht der Mutter längst durchschaut und hätte jetzt ruhigen Gewissens gleich sagen können:

‚Gib dir keine Mühe, Mama. Ich habe für den Goldsohn der Baronin von Altstetten nichts übrig. Mein Herz ist schon so mit Beschlag belegt, daß es keinen anderen Weg mehr geben kann ...'

Aber sie verschwieg es lieber und hörte die Mutter sagen, daß der junge Freiherr von Altstetten nicht nur ein vorzüglicher Reiter sei, sondern auch ein Mann mit den allerbesten Umgangsformen, ein Mann von Format einfach.

„Kennst du ihn denn?" fragte Adelheid jetzt.

„Nur flüchtig. Aber ich weiß, was meine Freundin von ihm erzählte."

„Jede Mutter sieht in ihrem Sohn nur das Beste", antwortete Karola-Adelheid. „Du doch auch. Mochte Hubert auch anstellen, was er wollte, du hast ihm doch immer die Stange gehalten."

„Nicht anders als auch dir."

Auch jetzt schwieg Karola-Adelheid wieder, denn sie wußte es besser. Im übrigen hatte sich ihr anfängliches Erschrecken schon wieder gelegt, denn sie wollte die Dinge ruhig an sich herankommen lassen.

Und die Dinge kamen heran. Sie kamen in einem knallroten Sportwagen angefahren, und der „Goldsohn" sah gar nicht so goldig aus, sondern war verstaubt und abgespannt von der langen Fahrt. Immerhin, wie er den Damen dann die Hand küßte, das war weltmännisch.

Die Baronin Olga von Altstetten umarmte ihre Freundin und sagte, daß sie sich sehr, sehr freue über die liebe Einladung. „Wolf wollte eigentlich gar nicht mitkommen, aber da du es doch so sehr gewünscht hast, liebe Mechthild, konnte ich ihn dann doch überreden."

Eine halbe Stunde später versammelte man sich auf der Terrasse zum Tee. Wolf-Dieter von Altstetten erschien jetzt frisch und wie aus dem Ei geschält in einem eleganten Zweireiher, und Karola-Adelheid mußte sich gestehen, daß er eine gutaussehende Erscheinung war. Seine Mutter nannte ihn „Wölfchen", und der Freiherr bat darum, man möge ihn hier doch auch bloß Wolf nennen, nicht Wolf-Dieter, wie in seinem Taufbuch stehe.

Gräfin Mechthild gab sich alle Mühe, recht herzlich zu ihren Gästen zu sein, und hatte nur Angst, daß Graf Arno wieder eine Geschmacklosigkeit begehen könne, wenn er kam.

Natürlich beging er sie, nach ihren Begriffen wenigstens. Verschwitzt und in einem am Hals offenen Hemd, die graue Lederjoppe unterm Arm, die blinkende Büchse hinter dem Rücken, betrat er die Terrasse und begrüßte die Baronin mit dröhnendem Baß.

„Lange nicht mehr gesehn. Sehn gut aus. Bloß ein bißl dick geworden in den Jahren." Seine Augen richteten sich auf Wolf, der aufgestanden war. „Wohl der Herr Sohn? Herzlich willkommen auf

Jenna-Zinntal. Schon gehört, daß Sie guter Reiter sind. Aber meiner Heidi wird nicht mehr viel beizubringen sein. Reitet wie ein Teufel, das Mädl."

„Aber Papa", fiel Adelheid ihm ins Wort.

„Ja, ja, laß nur. Nur nicht immer so bescheiden sein. Kann ich auch gleich Tee haben?"

„Natürlich, Papa. Setz dich zu uns."

„Ich denke", sagte Gräfin Mechthild mit erhobener Stimme, die keinen Widerspruch duldete, „daß du dich zuerst umziehst, Arno."

„Meinst du?" fragte er und sah an seiner etwas schmierigen Lederhose herunter. „Na ja, dann auch das."

Seine Genagelten klapperten wie zwei Dreschflegel auf den Fliesen, als er durch die Diele ging.

Eine Weile herrschte betretenes Schweigen. Bis die Baronin sagte:

„Findest du wirklich, liebe Mechthild, daß ich dicker geworden bin?"

„Aber im Gegenteil! Du siehst blendend aus."

„Du nicht weniger. Du hast dich geradezu verjüngt."

Lauter leeres Geplapper, lauter liebenswürdige Lügen, dachte Karola-Adelheid und betrachtete unauffällig den Freiherrn Wolf von Altstetten, seine gepflegten Hände, das sauber gescheitelte Haar, die gutsitzende Krawatte. Mit vollendeter Grazie führte er die Tasse zum Mund und bat höflich um eine zweite Tasse Tee.

„Zucker?" fragte Karola-Adelheid, weniger aus Achtsamkeit, sondern weil sie es so gelernt hatte.

„Zwei Stück, bitte. Vielen herzlichen Dank." Er sah sie einen Augenblick mit dunklen, samtenen Augen an. „Sie reiten auch, Komtesse?"

„Wenn Sie schon Wert darauf legen, hier nur Wolf genannt zu werden, so nennen auch Sie mich nicht Komtesse. Ich heiße Karola-Adelheid."

„Tausend Dank. Ich werde mir's merken. Sie reiten also auch, wie Ihr Herr Vater sagte?"

„Allerdings, aber ich maße mir nicht an, eine vorzügliche Reiterin zu sein. Der Goldfuchs ist eben auch ein geduldiges Pferd, das noch nie versucht hat, mich abzuwerfen. Von Ihnen weiß ich aber, daß Sie ein ausgezeichneter Turnierreiter sind."

„Woher weißt du das?" fragte Gräfin Mechthild blitzschnell.

„Aber Mama, ich lese doch auch Zeitungen."

In diesem Augenblick kam Graf Arno zurück. Er trug zwar nicht, wie Gräfin Mechthild es sich gewünscht hätte, einen dunklen Anzug, sondern einen grauen Lodenanzug mit Hirschknöpfen.

Man mußte es dem jungen Freiherrn lassen. Er war ein vorzüglicher Plauderer und Hansdampf in allen Gassen. Mit großer Sachkenntnis verwickelte er den Grafen sofort in jagdliche Gespräche und bedauerte nur, daß er selber so wenig dazu komme. Die Güter nähmen ihn eben so in Anspruch, daß er für die Jagd nur selten Zeit habe. Seine Mutter nickte dazu eifrig und bewunderte, wie geschickt ihr Wölfchen das wieder drehte, denn auf Altstetten gab es längst keine eigene Jagd mehr, denn die war verpachtet an einen Großindustriellen, der viel Geld hatte.

Eine Stunde später kam auch Hubert heim, der den ganzen Nachmittag auf den Feldern verbracht hatte. Alles in allem wurde es dann doch noch ein recht gemütlicher Abend, dank der Unterhaltungskunst des Freiherrn von Altstetten. Längst hatte er die Einladung zur Jagd von Graf Arno in der Tasche, und auch von dem morgendlichen Ausritt mit Karola-Adelheid war schon gesprochen worden.

Die Gäste bewohnten einen Flügel auf der Nordseite. Da die Anreise doch ziemlich lang gewesen war, zog man sich an diesem Abend schon frühzeitig zurück, zur großen Freude Karola-Adelheids, die im „Aussteigen" nun schon soviel Übung bekommen hatte, daß sie jeden Tritt und jeden Griff in dem Spalier des Birnbaums auswendig wußte.

Wolf von Altstetten hatte gerade seinen Reitdreß für den nächsten Morgen zurechtgelegt und stand nun am Fenster seines Zimmers und rauchte eine Zigarette zu Ende, um dann schlafen zu gehen. Drunten in der Tiefe sah er die Lichter von St. Margarethen flimmern.

Mal sehen, dachte er, ob sich da unten in dem Nest was rührt. Es war zwar nicht anzunehmen, daß es dort eine Spielbank gebe, aber vielleicht eine nette Nachtbar, in die er dieses „Küken" einmal ausführen könnte.

Es klopfte, und seine Mutter trat ein.

„Du bist noch auf?"

„Ja, aber nur noch für diese Zigarettenlänge."

Die Baronin setzte sich in einen schweren Plüschsessel, schlug die Beine übereinander und griff nach der Zigarettendose, die Wolf auf dem Tisch hatte liegenlassen. Der Sohn reichte ihr Feuer, und während sie sich zurücklehnte, den Mund spitzte und den Rauch in kleinen Ringen zur Decke blies, sah sie ihren Sohn erwartungsvoll an.

„Was sagst du nun?" fragte sie endlich. „Habe ich zuviel gesagt?"

Der Freiherr zerdrückte seine Zigarette im Aschenbecher. „Ja und nein. Sie ist ein ganz lieber Kerl, aber im Grunde genommen noch ein dummes Gänslein."

„Aber ein recht fettes Gänslein", erwiderte die Baronin. „Ich schätze ihre Mitgift auf gute Hunderttausend."

„Das macht sie wenigstens etwas interessant."

„Aber hör mal, mein Goldsohn. Dieses Mädchen ist nicht nur ein lieber Kerl, sondern eine ausgesprochene Schönheit. Ja, ja, ich weiß – vielleicht nicht ganz dein Geschmack, zu wenig Charme vielleicht, zu wenig Feuer. Aber was nicht ist, kann noch werden. Das liegt schließlich auch an dir. Wie ich dich kenne, wird es dir ja nicht schwerfallen, ihr das Köpfchen zu verdrehen. Über den Ernst unserer Lage brauchen wir nicht zu sprechen. Wenn du nicht vermögend heiratest, können wir Altstetten nicht länger halten."

„Ich will mal sehen, was sich tun läßt", antwortete Wolf. „Im übrigen gefällt es mir hier sehr gut."

„Mir auch. Bis auf Graf Arno. Seine burschikose Art ist verletzend."

„Ich weiß nicht, Mama, gerade der Alte Herr gefällt mir sehr gut. Er sagt die Dinge eben so, wie er sich's denkt." Der Freiherr gähnte und hob schnell die Hand vor den Mund.

„Ja, ja, ich gehe schon", sagte seine Mutter und stand auf. Sie griff sich nach der Stirn. „Weswegen bin ich eigentlich noch gekommen? Ach ja, richtig. Wenn du morgen früh mit der Komtesse ausreitest, dann falle nicht gleich mit der Tür ins Haus!"

„Danke für den guten Rat, Mama. Aber ich glaube, das mußt du schon mir selber überlassen."

„Immerhin, vergiß nicht, daß du eine Komtesse von Jenna-Zinntal vor dir hast und nicht irgendein Ballettmädchen. Gute Nacht, Wölfchen."

„Gute Nacht, Mama."

Der Freiherr blickte lange auf die Tür, die sich leise geschlossen hatte. Gedankenlos griff er nun doch noch mal nach dem Zigarettenetui und zündete sich eine Zigarette an. Die ganze Komödie war ihm zuwider. Da sollte er nun dieses junge Geschöpf betören, sollte es in sich verliebt machen und dann heiraten, nur wegen dieses Altstetten, das sonst nicht mehr zu halten war. Das war aber nicht einmal seine Schuld, sondern die Schuld seines verstorbenen Vaters und – auch der Mutter, die beide nicht zu wirtschaften verstanden hatten. Ihm selber hatte Altstetten nie recht gelegen. Er war ein Großstadtmensch und verstand die Mutter manchmal nicht recht, warum sie das Gut nicht veräußerte und auch in die Stadt zog, wo sie noch drei Zinshäuser besaßen, von denen sich's gut leben ließe ohne das verschuldete Gut Altstetten.

Und was nun diese Komtesse hier betraf, gewiß, sie war ein recht nettes Mädchen, und vor ein paar Jahren hätte er sowas noch rasend gerne an sein Herz genommen. Seit er aber Vera Sieversen kennengelernt hatte, war er ein anderer Mensch geworden. Die Mutter wollte dies nur nicht wahrhaben und hegte einen unversöhnlichen Groll gegen diese begabte Schauspielerin. Er aber kam nicht mehr los von ihr. Diese reife Frau mit ihrem wunderbaren Charme, die gescheit genug war, zu begreifen, daß er sie nicht heiraten könne, hatte sein bis dahin etwas leichtfertiges Leben in ganz andere Bahnen gelenkt.

Warum konnte er sie eigentlich nicht heiraten? Warum hatte er nicht den Mut, alles Lastende und Belastende über Bord zu werfen und ein freier Mensch zu sein? Warum hat er wieder nachgegeben und ist mit seiner Mutter hierhergefahren? Er soll hier die Angel auswerfen und sich einen Goldfisch schnappen. Er zweifelte nicht daran, daß ihm dieser Fischfang auch gelänge. Ob er aber dann glücklich wurde?

Als ob ihn vor sich selber ekle, warf er die Zigarette mit einer wütenden Gebärde aus dem Fenster. Dann legte er sich schlafen.

Leichter Nebel lag über den Wiesen und ließ Hekken und Zäune fern und unwirklich erscheinen, als Wolf und Karola-Adelheid aus dem Gutshof ritten.

Wolf ritt die Schimmelstute der Gräfin Mechthild, die nur selten aus dem Stall kam und daher gleich in tollen Kapriolen davonstieben wollte. Sie fühlte aber scheinbar sofort die Hand des geübten Reiters und ging dann geduldig im Schritt neben der Fuchsstute.

Erst später begann Karola-Adelheid einen leichten Trab. Altstetten sah sofort, daß sie einen wunderbaren Stil ritt. Wie angegossen saß sie im Herrensattel. Anerkennend nickte er ihr zu.

„Sie reiten weit besser, als Sie zugeben wollen", sagte er.

„Ist das eine Schmeichelei, oder –?"

„Nein, wirklich. Nur ein paar Kleinigkeiten vielleicht."

„Welche Kleinigkeiten bitte? Sie dürfen es ruhig sagen. Ich bin Ihnen sogar dankbar."

Er gab ihr ein paar Ratschläge über Sitz und Haltung mit der Sachlichkeit eines jungen Mannes, der auf dem Rücken der Pferde groß geworden war. Dann gab er plötzlich der Stute leicht die Sporen und fegte in einem solch rasenden Galopp davon, daß Karola-Adelheid zuerst ganz verblüfft hinter ihm herstarrte. Dann aber erfaßte auch sie der Rausch. Ihr Haar löste sich und flatterte im Winde. Sie holte ihn zwar nicht mehr ein, aber am Waldrand wartete er auf sie. Mit schmalen Augen sah er ihr entgegen. Dann, als sie ihr Pferd neben ihm parierte, lachte er sie an.

„Donnerwetter, jetzt sah ich erst, daß Sie reiten können. Wie sagte Ihr Vater doch gestern? Wie ein Teufel."

„Ja“, lachte sie zurück und klopfte den Hals ihres Pferdes zärtlich, „Papa drückt sich manchmal ein bißchen derb aus.“

„Finde ich eigentlich nicht“, antwortete Wolf. „Mir sind Menschen lieb, die so sprechen, wie ihnen ums Herz ist. Ich finde Ihren Vater großartig!“

Karola-Adelheid sah schnell in seine Augen. Dann streckte sie ihm die Hand hin.

„Dafür danke ich Ihnen. Ich habe meinen Vater sehr lieb.“

Er behielt ihre Hand nicht länger, als es geboten schien.

„Schön, wie Sie das sagen. Erzählen Sie mir doch etwas.“

„Was soll ich Ihnen schon erzählen?“

„Aus Ihrem Leben vielleicht.“

„Ach“, lachte sie, „bei meinem Alter gibt es noch nicht viel zu erzählen. Ich bin ja gerade erst achtzehn!“

„Manche wissen mit achtzehn schon mehr als andere mit dreißig“, antwortete er.

„Mag sein. Aber Sie sind noch keine dreißig?“

„Nein, siebenundzwanzig“, sagte er. „Und immer noch ledig“, fügte er spaßhalber hinzu.

„Das könnte sich aber ändern.“

Mit einem schnellen Ruck wandte er den Kopf und sah sie mißtrauisch an. Wußte sie, was hier gespielt werden sollte?

„Vielleicht“, sagte er und ließ damit ihre Frage offen. In diesem Augenblick dachte er an Vera Sieversen und wußte auf einmal, daß er hier bei Karola-Adelheid gar nicht den Versuch machen würde, sie zu gewinnen. Nicht weil sie ihm nicht gefiel, im Gegenteil, er merkte, daß sie ihm immer sympathischer wurde. Sie war sicher ein reiner und wertvoller Mensch, dem man keine Komödie vorspielen durfte.

„Reiten wir wieder", sagte er plötzlich. „Das Glück der Erde liegt auf dem Rücken der Pferde ..."

Mit ein paar Schenkeldrücken brachte Karola-Adelheid ihr Pferd neben das seine. In leichtem Trab ritten sie dahin.

„Meinen Sie das wirklich?" fragte sie.

„Nein, das ist bloß eine Redensart, obwohl auch das Glück ist, ein berauschendes Glück, diese enge Verbundenheit vom Menschen zum Tier."

„Da haben Sie recht", bestätigte sie. „Aber was Glück wirklich ist? Gibt es überhaupt so etwas wie ein restloses, tiefes und letztes Glück?"

„Natürlich, Sie großes Kind, Sie. Entschuldigung, das hätte ich jetzt nicht sagen dürfen."

„Doch, doch! Es macht gar nichts. Reden Sie ruhig weiter."

„Die letzte und tiefste Beglückung gibt es durch die Liebe.

Die Nebel waren mittlerweile zerrissen. Rotgolden leuchteten Picker und Wiesen im Licht der Sonne. Mit einer Flut von Licht übergossen, standen die Berge vor ihnen. Leicht klirrte das silberne Zaumzeug der Pferde. Dumpf hallte im Takt der Hufschlag.

„Durch die Liebe, sagten Sie“, nahm Karola-Adelheid nach einer Weile wieder das Wort. „Haben Sie das selber schon erfahren?“

Er sah ihr offen in die Augen und überlegte, was er antworten sollte. Es war, als horche er in sich hinein. Dann sagte er:

„Ja, Komtesse Karola-Adelheid, ich habe es erfahren.“

„Danke für Ihr Vertrauen, Herr von Altstetten.“

„Bitte nicht so förmlich, Karola.“

„Gut, ich werde mir's merken, Wolf.“

Da kamen schon wieder die Gutsgebäude in Sicht, und Karola-Adelheid sah ihren Bruder Hubert auf seinem Rappen über die große Hügelbreite hinreiten, auf der man das Gras mähte. Sie winkte ihm zu, und er winkte zurück. Den letzten Rest des Weges legten sie noch in zügigem Trab zurück, und fast gleichzeitig sprangen sie vor dem Stall aus dem Sattel, wo Adolf, der Gärtner, die Pferde in Empfang nahm.

„Zufrieden gewesen mit mir?“ fragte Wolf.

„Sehr sogar“, lachte Adelheid zurück und reichte ihm die Hand. „Morgen um die gleiche Zeit wieder?“

„Sehr gerne. Und was machen wir nachmittags?“

„Ich weiß nicht. Spielen Sie Tennis?“

„Zur Not“, gestand er. „Aber vielleicht könnten wir auch einmal in die Umgebung fahren?“

In diesem Augenblick sah Karola-Adelheid die beiden Mütter auf der Terrasse sitzen, und sie sagte scherzhaft:

„Vielleicht hat man auf der Terrasse bereits beschlossen, was wir am Nachmittag tun sollen.“

Der Freiherr lachte herzhaft auf und schlug sich mit der Reitpeitsche gegen den Stiefelschaft.

„Großartig, Karola-Adelheid. Aber Sie können sogar recht haben. Warten wir also, was man über uns beschlossen hat.“

„Sind sie nicht ein bezauberndes Paar?“ fragte in diesem Augenblick die Baronin ihre Freundin Mechthild. „Wie füreinander geschaffen.“

„Sie scheinen sich gut zu verstehen“, antwortete die Gräfin und ließ ihr Lorgnon sinken. Dann stand sie auf, um dafür zu sorgen, daß die „lieben Kinder“ ihr Frühstück bekamen.

Über die „lieben Kinder“ war eine Stunde lang recht ausgiebig gesprochen worden. Gräfin Mechthild hatte soviel Vertrauen zu ihrer Freundin, daß sie von der Verirrung ihres Kindes sprach und daß sie es nun als Glück empfinde, daß „Wölfchen“ sie von diesem Irrtum befreie und Karola-Adelheid dann erkennen werde, was Mann und Liebe wirklich heiße.

Die Baronin hätte nun ihrerseits auch ein Klagelied über ihr „Wölfchen“ singen können, aber sie sagte wohlweislich nichts von der Schauspielerin und gab sich der festen Hoffnung hin, daß die Komtesse ihren Sohn durch ihre Jugend so bezaubern könne, daß er die andere, wegen der es zwischen Mutter und Sohn schon soviel Streit gegeben hatte, vergessen würde.

Karola-Adelheid hatte sich gerade umgezogen und ordnete vor dem Spiegel ihr Haar, als ihre Mutter eintrat.

„Nun, mein Kind, wie war es?“ fragte sie mit einer Freundlichkeit, die von tief innen her zu kommen schien.

„Sehr schön, Mama. Der Mann kann großartig reiten. Aber er sagte, daß auch ich sehr gut im Sattel säße.“

„Du brauchst das nicht als Schmeichelei auffassen“, sagte die Gräfin, „denn es ist wirklich so. Und sonst – sagte er nichts?“

„Nichts von Bedeutung wenigstens. Wir sprachen von allgemeinen Dingen.“

„Vielleicht spricht er auch einmal von bedeutungsvollen Dingen“, meinte die Gräfin und spielte mit ihrem Lorgnon. „Ich hoffe, daß du dann weißt, wer zu dir spricht.“

Karola-Adelheid hielt in der Bewegung des Kämmens inne. „Wie meinst du das, Mama?“

„Genauso, wie ich es sagte, aber wenn du es deutlich hören willst – es ist der Freiherr von Altstetten und kein Bauernbursche, der gerade noch bis hundert rechnen kann.“

In Karola-Adelheid sprang es heiß auf vor Zorn.

„Dafür können andere in Hunderttausenden rechnen“, schrie sie unbeherrscht heraus.

Gräfin Mechthild war entsetzt über diesen Ton, und es war nun an ihr, zu fragen: „Wie meinst du das?“

Die Antwort kam in der gleichen Wiederholung:

„Genauso, wie ich es sagte. Aber wenn du es deutlicher hören willst, Mama – der Freiherr von Altstetten hat hierher kommen müssen, weniger um mich als vielmehr meine Tausender zu gewinnen."

Entsetzt starrte Gräfin Mechthild ihre Tochter an. „Was erlaubst du dir, Kind!"

„Bitte, unterbrich mich jetzt nicht, Mama, und nenne mich nicht immer Kind. Ich bin kein Kind mehr. Altersmäßig vielleicht in deinen Augen, aber ich bin doch schon alt genug, um zu begreifen, was hier gespielt werden soll. Daß du dich nicht schämst, Mama, dich zu einer Kupplerin zu machen!"

In diesem Augenblick fuhr mit dröhnendem Gepolter ein Lastwagen in den Schloßhof, und dieser Lärm erstickte den Schrei, den die Gräfin ausstieß.

Es war der Lastzug der Firma Rösch aus St. Margarethen, der Kohlen für das Schloß brachte, obwohl es noch Sommer war. Aber die Gräfin Mechthild war keine schlechte Rechnerin, auch wenn es nur um kleine Beträge ging, und sie wußte genau, daß im Sommer die Kohlen um dreißig Pfennig je Zentner billiger waren. Und es waren immerhin dreihundert Zentner, die angeliefert werden sollten.

Sie trat zum Fenster und schaute hinunter. Aber es gab keinen Befehl zu geben, denn der Gärtner Adolf war bereits da, und waltete seines Amtes. Der Blick der Gräfin blieb nur an dem etwas abgeschabten Gemäuer des Fenstersimses hängen, und dann sah sie auch, daß ein paar Sprossen des Spaliers abgebrochen waren und auch ein paar kleine

Äste des Birnbaumes schlapp und dürr in die Luft hingen.

„Was ist denn hier los?“ fragte sie und drehte sich um. „Komm einmal her, Heidi, und sieh dir das an.“ Ein furchtbarer Verdacht hatte sie befallen. „Ist hier vielleicht jemand eingestiegen?“

Karola-Adelheid hatte einen Schreck, der ihr fast die Glieder lähmte. Ihr Gesicht sah aus wie eine Maske aus Gips. Sie war nicht fähig, ein Wort zu sprechen, besah sich nur schweigend den Schaden und antwortete mit kaum beherrschter Stimme:

„Ich weiß, was du jetzt denkst, aber eingestiegen ist hier niemand.“

Der Gedanke aber, daß jemand ausgestiegen sein könne, kam der Gräfin zum Glück nicht, und so schwenkte sie wieder zurück zu dem vorherigen Thema.

„Ich rechne es deiner jugendlichen Unbeherrschtheit zu, daß du deine Mutter eine Kupplerin genannt hast.“

„Verzeih mir, Mama, es ist mir eben so herausgerutscht. Ich weiß, du meinst es gut mit mir, aber man soll nicht Schicksal spielen wollen.“

„So, das siehst du also doch ein, daß ich es gut mit dir meine“, antwortete die Gräfin versöhnt. „Dann gib wenigstens auch noch zu, daß der Altstetten doch recht sympathisch ist.“

Karola-Adelheid hatte sich von ihrem Schrecken wieder erholt und konnte ehrlich antworten: „Du hast recht, Mama, Wolf ist sehr nett, und ich habe mich glänzend mit ihm unterhalten.“

Diese Antwort empfing Gräfin Mechthild wie ausgetrocknete Erde einen lang ersehnten Regen.

„Na also!“ sagte sie gänzlich versöhnt. „Dann mach dich jetzt nur recht schön, und dann komm bald, das Frühstück ist sicher schon serviert.“

Auch die Baronin Altstetten war im Zimmer ihres Sohnes erschienen, als er sich gerade umzog.

Sie wäre zerplatzt, wenn sie ihre Neuigkeit bis zum Abend noch für sich hätte behalten müssen.

„Stell dir vor, Wölfchen, was ich erfahren habe. Es war höchste Zeit, daß wir hierhergekommen sind. Du hast nebenbei auch noch eine große Aufgabe zu erfüllen. Das Komteßlein hat sich nämlich in einen ganz simplen Bauernburschen verliebt.“

„Ich werd verrückt“, sagte Wolf und knöpfte die Manschettenknöpfe ein. „Das ist aber interessant.“

„Nicht wahr? Und ich will dir nicht verhehlen, daß Gräfin Mechthild alle Hoffnung auf dich setzt, daß du sie von dieser Verwirrung abbringst.“

„Versteh ich vollkommen, aber daß ausgerechnet ich es sein soll?“

„Weil du der richtige Mann dazu bist. Es ist geradezu deine Pflicht, sie herauszuzerren aus dieser Niederung, in die sie versunken ist.“

Wolf von Altstetten hatte seine Manschetten jetzt eingeknöpft und band sich den Binder vor dem Spiegel. Ohne sich umzuwenden, fragte er weiter: „Und wie soll ich es anstellen?“

„Aber Wölfchen, das mußt du doch selber am besten wissen. Für dich dürfte das doch eine Kleinigkeit sein, denn soweit ich mich erinnere, gehörte es ja einmal zu deinen Spezialitäten, anderen die Mädchen abspenstig zu machen, und hier, in diesem Fall, dürfte es wirklich nicht schwer sein, ganz abgesehen davon, daß du damit sogar ein gutes Werk vollbringst. Die Zinntals werden dir dafür ewig dankbar sein."

„Vielleicht verleihen sie mir sogar einen Orden, wenn sie einen zu vergeben haben. Immerhin interessiert mich ungemein, was du mir gesagt hast, aber nun komm, ich habe einen fürchterlichen Hunger. Im übrigen, reiten kann das Mädel, daß es eine wahre Freude ist."

„Und sonst habt ihr euch auch gut unterhalten?"

„Ausgezeichnet sogar, ich nehme das ‚dumme Gänschen' von gestern zurück, das Komteßlein ist, wie ich inzwischen festgestellt habe, sogar ein sehr geistreiches Persönchen. Aber das mit diesem Bauernburschen, Mama, entschuldige bitte, aber ich finde, das ist doch zu ulkig, als daß man es ernst nehmen dürfte."

„Du wirst es ja sehen!"

Der Freiherr Wolf von Altstetten spielte am Nachmittag Tennis mit Karola-Adelheid, aber er sagte noch nichts. Sie fuhren gegen Abend in seinem Wagen nach St. Margarethen, aßen dort Eis und tranken einen Schoppen Terlaner, und er sagte auch da noch nichts. Es ging ihm einfach gegen den Strich.

Am nächsten Morgen ritten sie wieder zusammen aus. Diesmal bestimmte Karola-Adelheid die

Richtung. Sie ritten bergwärts, und als sie etwa eine halbe Stunde unterwegs waren, gab sie plötzlich ihrem Pferd die Sporen und ritt auf einen Burschen zu, der gerade damit beschäftigt war, Grünfutter auf einen Wagen zu laden. Sie sprang vom Sattel, streifte den Handschuh ab und gab diesem Menschen die Hand.

„Guten Morgen, Markus! Bitte schau nicht so wild, du brauchst überhaupt nicht eifersüchtig zu sein, komm heute abend wieder um neun Uhr. Ich sage dir dann alles."

Inzwischen war auch Wolf von Altstetten herangekommen. Er blieb im Sattel sitzen und musterte den Burschen mit schmalen Augen. Er ahnte sofort die Zusammenhänge und dachte bei sich: Donnerwetter, gewachsen sind die Kerle hier wie Bäume. Dann tippte er mit zwei Fingern an den Rand seiner Mütze.

„Guten Morgen, junger Mann."

Dieses „junger Mann" hätte er lieber nicht sagen sollen. Denn augenblicklich verfinsterte sich Markus Tofillers Blick, und sein Kinn schob sich dabei hart vor. Er spürte ein bohrendes Gefühl in sich und wußte nicht, wie es heißen könne. Natürlich war es Eifersucht, er kannte es nur noch nicht. Es hatte sich ihm nur etwas Schweres aufs Herz gelegt, das auch dadurch nicht leichter wurde, daß Karola-Adelheid ihm jetzt die Hand auf die Schulter legte und ihn liebevoll ansah.

„Also, mach's gut, Markus", sagte sie, dann stieg sie wieder in den Sattel. Im Davonreiten winkte sie ihm noch einmal zu. Gleich darauf waren sie hinter einer Bodenwelle verschwunden.

Schweigend ritten sie eine Weile dahin, der Freiherr mit einem versteckten Lächeln neben Karola-Adelheid.

„Wer war das?“ fragte er, als sie einmal hielten.

„Markus Tofiller, ein junger Mann.“

„Jetzt bin ich so klug wie vorher“, antwortete er. „Daß er jung ist, sah ich selber, zu jung vielleicht für Sie, Karola-Adelheid.“

Erschrocken wandte sie ihm ihr Gesicht zu. „Was wissen Sie, Wolf?“

Beruhigend griff er von seinem Sattel herüber nach ihrer Hand. „Nichts Halbes und nichts Ganzes.“

Er steckte die Reitpeitsche in den Stiefelschaft und zog sein Zigarettenetui, bot ihr zuerst an.

„Danke, ich möchte nicht rauchen.“ In ihr war eine ungeheure Spannung. Was wußte er, und wer hatte es ihm gesagt? Hatte er mit Mutter bereits das entscheidende Gespräch geführt?

„Es macht Ihnen aber doch nichts aus, wenn ich rauche?“

„Nein, nein, bitte rauchen Sie nur.“

Gedankenverloren sah er eine Weile dem Rauch nach, der aus seiner Zigarette aufstieg und sich zwischen den Ästen einer alten Buche emporschlängelte. Dann sah er sie wieder an.

„Karola, ich glaube, es ist am besten, wenn wir mit offenen Karten spielen.“

Immer weiter, staunender wurden ihre Augen.

„Ich weiß nicht, wo Sie hinauswollen?"

„Nirgends, Karola-Adelheid, gestern noch glaubte ich, nicht mit Ihnen über diese Dinge sprechen zu können, heute bin ich anderer Ansicht."

„Und warum heute?"

„Weil ich heute gesehen habe, daß Sie in diesen Burschen, bei dem wir vorhin waren, nicht bloß so leichthin verliebt sind, sondern daß Sie ihn wirklich lieben – daß ihr euch gegenseitig liebt, mit gleicher Angst und gleicher Verzweiflung."

„Warum Verzweiflung?"

„Weil Sie klug genug sind, zu erkennen, welch ein Berg von Schwierigkeiten sich vor Ihnen aufbaut. Gewiß, Sie werden kämpfen dagegen. Sie werden sich auflehnen, aber am Ende werden Sie nachgeben und sich dem Zwang beugen."

„Nie, nie ...", stöhnte Karola-Adelheid leidenschaftlich und warf schnell einen Blick in sein Gesicht, ob er sie nicht spöttisch belächle. Aber sein Gesicht war ganz ernst. „Wolf, wer hat es Ihnen gesagt?"

„Das tut nichts zur Sache. Selbst wenn ich es nicht schon gewußt hätte, hätte ich es vorhin gefühlt. So wie ihr beide euch angesehen habt, sehen sich nur Menschen an, die den Himmel für sich offen wähnen."

Karola-Adelheid spielte nervös mit den Zügeln in ihren Händen. Zu erschütternd war für sie die Tatsache, daß ein fremder Mensch um ihr tiefstes Geheimnis wußte, aber war er denn wirklich so fremd? War in ihr nicht das Gefühl einer leisen

Vertrautheit? Das Empfinden, daß sie sich bei ihm aussprechen könne und von ihm besser verstanden würde, als ihre Mutter sie jemals verstehen würde?

„Und nun“, fragte sie zögernd, „verachten Sie mich wohl?“

Umständlich zerdrückte er seine Zigarette auf dem silbernen Sattelknopf, bevor er sie wegwarf. Dann sah er das Mädchen aufmerksam an.

„Ich glaube, Karola, Sie verkennen mich. Warum soll ich Sie verachten?“

Gequält lachte sie auf. „Es wäre ja zu verstehen, eine Komtesse und ein Bauernbursch. Meine Mutter nennt ihn Bauernlümmel, einen Menschen ohne Herkunft, ohne Geld, ohne Adel …“ Wieder schickte sie dieses zerrissene Lachen hinter den Worten her.

Wolf-Dieter nickte zu jedem ihrer Worte verständnisvoll. „Sie sagen mir gar nichts Neues. Diese Litanei kenne ich auswendig.“

Da verlor Karola-Adelheid die letzten Hemmungen vor ihm. „Sie reden gerade so, als ob Sie schon in ähnlicher Situation gewesen wären.“

„Vielleicht bin ich es augenblicklich sogar.“

„Und trotzdem kamen Sie her, um mir den Hof zu machen? Sie geben doch zu, daß der Zweck Ihres Besuches ganz anders ist als der, der angegeben wird.“

„Natürlich gebe ich das zu, und ich habe Ihnen doch gesagt, daß wir mit offenen Karten spielen wollen. Sie sollten Vertrauen zu mir haben, Karola, dann spräche es sich viel leichter.“

Impulsiv streckte sie ihm ihre Hand hinüber. „Ich habe Vertrauen zu Ihnen, Wolf."

„Danke, ich werde es zu würdigen wissen", sagte er. Und dann nach einer kleinen Pause: „Sehen Sie, Karola, ich verstehe Sie ganz gut, weil ich selber in ähnlicher Lage bin, wenn mein Fall auch gerade nicht so ungewöhnlich ist wie der Ihre. Ich weiß, wie es ist, wenn ein Herz wirklich zu blühen beginnt. Das ist wie bei einer Blume. Fragt die vielleicht, ob sie über den Zaun hinausblühen darf?"

Karola nickte begeistert. „Das haben Sie schön gesagt, Wolf, aber es ist wirklich so. Gewissermaßen hätten wir ja dann das gleiche Schicksal?"

„Ach, nennen wir es doch nicht gleich Schicksal. Es sind doch ganz natürliche Belange. Tragisch wird es nur dadurch, daß unsere Umgebung nicht begreifen will, daß sich die Zeit auch hier geändert hat. Sie ist immer noch von den alten Vorurteilen behaftet. Und bei ihr beginnt der Mensch erst dort, wo eine Krone – und wenn sie auch noch so klein ist – ins Taschentuch gestickt ist. Aber gerade so etwas verdirbt den Charakter sehr oft. Ach, mich ekelt es an, wenn ich daran denke, mit welcher Selbstverständlichkeit man von mir verlangt, daß ich Sie umgarnen soll. Ich darf doch ganz offen sprechen, Karola?"

„Ich bitte Sie herzlichst darum, Wolf".

Einen Augenblick war es, als besänne sich Wolf nochmals, ob er sprechen solle. Aber er dachte nur darüber nach, wie merkwürdig es doch war, daß er sich diesem Mädchen so rückhaltlos anvertrauen konnte. Es war ihm, als sei sie seine Schwester, zu der er alles sagen durfte.

„Hören Sie gut zu, Karola: Um unser Altstetten steht es einfach miserabel. Wir brauchen viel Geld, um es wieder auf die Beine zu bringen. Ihr Geld oder das irgendeiner anderen. Der Brief der Gräfin Jenna-Zinntal kam der Mutter wie gerufen. Sie hatte auch noch ein paar andere Partien für mich bereit. Aber was hilft mir denn das alles, wenn das Herz eine ganz andere Sprache spricht. Vielleicht sind wir Rebellen, weil wir uns dem widersetzen, was man von uns will. Aber wären wir recht brave, folgsame Kinder und würden alles stillschweigend und in sklavischem Gehorsam schlucken – Karola, was würde uns das schon nützen? Sehen Sie, Karola, ich habe Sie gern, weil Sie ein aufrechter Mensch sind. Ich habe sie eben auf eine andere Weise lieb, wie eine jüngere Schwester. Ich weiß nicht, ob Sie mich verstehen, Karola?"

„Doch, doch, sehr gut sogar, Wolf. Und ich bin Ihnen sehr dankbar, daß Sie so offen zu mir sind."

„Zu Ihnen muß man es sein", versicherte Wolf. „Und wie es auch sei, Karola – wir wollen alles vermeiden, was die mütterlichen Herzen in Wallung bringen könnte. Wir brauchen ihnen auch gar nichts vorzuspielen, denn – gut sind wir ja einander, oder?"

Karola-Adelheid blickte ihn dankbar an. Sie fühlte die wunderschöne Vertrautheit zu ihm nur noch wachsen. So müßte mein Bruder Hubert auch sein, dachte sie.

„Ja, Wolf, ich bin Ihnen gut, aber –"

„Lieben könnten Sie mich nicht", ergänzte er lachend. „Macht ja auch gar nichts, Karola. Vera Sieversen wäre damit ganz gewiß nicht einverstanden."

„Ach so, Vera heißt sie. Moment mal: Doch nicht die Sieversen, die Schauspielerin?"

„Doch, die ist es, Karola."

„Oh, ich sah sie einmal in ‚Romeo und Julia'."

„Ja, sie ist eine große Künstlerin und auch ein großer Mensch. Bloß für meine Mama natürlich nicht. Aber damit wir noch mal auf uns beide zurückkommen, Karola: Wenn Sie mich einmal brauchen sollten – ich werde immer für Sie da sein."

„Danke, Wolf. Jetzt noch etwas anderes. Wie bringen wir es unseren Müttern bei?"

„Vorerst überhaupt nicht. Ich gehe nächste Woche mit Ihrem Vater auf drei oder vier Tage in die Jagdhütte hinauf. In der übrigen Zeit werden wir beide uns recht freundschaftlich zueinander verhalten, daß es für unsere Mamas wie Verliebtsein aussehen mag. Einverstanden?"

„Gut, einverstanden!"

Dieser Morgenritt hatte sich heute etwas länger ausgedehnt, und die Mütter sahen sich verständnisinnig an, als die beiden Hand in Hand von den Stallungen herüberkamen und froh die Terrasse betraten.

„Ich glaube, es hat gezündet", flüsterte die Baronin.

„Hoffentlich", antwortete Gräfin Mechthild. Dann stand sie auf, um die „lieben Kinder" zu begrüßen.

Es ging alles wunderbar. Die vierzehn Tage gingen zu Ende, und wenn die Gräfin Mechthild ihre Tochter Karola-Adelheid fragte, wie weit sie denn jetzt schon seien, antwortete Karola-Adelheid immer:

„Oh, wir verstehen uns ausgezeichnet, Mama. Wolf ist ein wunderbarer Kamerad, und ich hab ihn sehr gern."

Die Baronin wollte von ihrem Sohn schon mehr wissen. Sie hätte am liebsten gleich Verlobung gefeiert, so brannte es ihr unter den Nägeln. Aber Wolf dämpfte ihren Optimismus ein wenig.

„Ja, weißt du, Mama", sagte er, „Karola-Adelheid und ich, wir verstehen uns ausgezeichnet. Ich hab sie sehr gerne. Aber mit der Verlobung müssen wir schon noch warten, wir dürfen es nicht so auffällig zeigen, wie notwendig wir die Jenna-Zinntals brauchen."

Graf Arno fand an dem jungen Altstetten nichts auszusetzen, denn Wolf war ein Jäger, so wie der Graf ihn sich wünschte. Immer wieder nahm er ihn mit und wünschte sich im geheimen, daß sein eigener Sohn Hubert diese Qualitäten auch hätte. Gewiß, Hubert war als Landwirt tüchtig. Wolf Altstetten aber war in allen Bezirken zu Hause und wußte so fesselnd zu plaudern, daß man ihm stundenlang zuhören konnte. Für Graf Hubert, wenn er wirklich im Herbst zu den Treibjagden mitging, mußte immer saubere Bettwäsche und eine Daunendecke mitgenommen werden. Wolf dagegen warf sich einfach ins Heu und legte gar keinen Wert darauf, eine Sonderbehandlung zu erfahren. Eigenhändig kochte er den Schmarren am krachenden Feuer, pfiff dabei wie ein Holzknecht und schrieb für den Jagdgehilfen Simon ein paar Liebesbriefe an die Sennerin von der Rosen-Alm, daß das Mädl in die reinste Verzückung geriet und ihren „Simmerl" gar nicht mehr kannte, der sonst so wortkarg war und in dessem spärlichen Sprachschatz das Wörtchen Liebe kaum auftauchte.

Der Simon wünschte sich, daß der Freiherr immer dableiben möge, „denn", sagt er, „was soll ich jetzt dem Madl schreiben, wenn Sie nimmer da sind? Mit den drei Brieferln ist sie ganz narrisch geworden, und die Moidl sagt, ich sollt ihr mindestens jede Woche einen schreiben."

„So schlimm ist es ja nicht, Simon", tröstete ihn Wolf. „Du mußt nur immer darauf schauen, daß du die Worte so hinbringst, daß sie zünden und ins Herz gehen. Laß nur immer auch die Natur ein wenig mit reinspielen."

„Freilich, freilich", sagte der Simmerl, und machte den Eindruck, gar nichts verstanden zu haben.

„Ich meine – zum Beispiel kannst du schreiben: Wenn ich nachts so draußen stehe und die Sterne am Himmel leuchten, dann muß ich immer, Geliebte, an deine Augen denken, die viel heller noch leuchten. – Oder wenn der Wind geht, kannst du schreiben: Dem Wind trage ich meine Grüße über den Berg hinüber auf. Er soll dir sagen, wie ich dich liebe und wie du mein ganzes Herz erfüllst, und so weiter und so fort ..."

„Schön", sagte der Simmerl. „Wenn es aber dann einmal regnet?"

„Nichts leichter als das", antwortete Wolf-Dieter. „Dann schreibst du einfach: Sieh, Geliebte, selbst der Himmel ist verhangen und weint bittere Tränen, weil ich nicht bei dir sein kann. Mein höchstes Glück wäre jetzt, bei dir in deiner Sennhütte zu sitzen, dich im Arm zu halten und deinen lieben Mund zu küssen, während draußen der Regen auf die Schindeln klopft – und so weiter und so fort ..."

„Das mit dem lieben Mund muß ich mir merken", sagte der Simmerl.

„Ich werde dir einen Liebesbriefsteller schikken", versprach der Freiherr. „Da steht alles drinnen, was du für deinen Bedarf brauchst."

Ja, er war ein großartiger Gast, der Freiherr Wolf-Dieter von Altstetten. Nur bei Frankenegg übte er etwas Zurückhaltung. Der Mann lag ihm nicht, und er sprach auch einmal mit dem Grafen darüber. Graf Arno meinte dazu:

„Sie können recht haben. Aber Frankenegg hält mir meine Jagd und die Wälder einigermaßen in Ordnung. Auch den ganzen Schreibkram, den es darum gibt, erledigt er prompt."

Sie führten dieses Gespräch, als sie von der Jagdhütte heruntergingen ins Schloß. Einmal deutete der Graf mit seinem Bergstecken auf die lichtumflutete Wundspitze.

„Stellen Sie sich vor, da oben ist meine Heidi schon gewesen."

„Allein?" fragte Wolf verwundert.

„Nein, mit einem von den Tofillerbuben. Haben sie da hernach ein Theater vollbracht, insbesondere meine Frau! Als ob das ein Verbrechen sei! Das Mädl hat eben Courage, aber sie weiß schon, was sie sich leisten darf und wo die Grenze ist."

Wolf nahm sofort den Faden auf.

„Karola-Adelheid ist ein liebenswerter, gerader Mensch. Ich schätze sie ungemein."

Mit einem Ruck blieb Graf Arno stehen, griff sich in den Bart und sah seinen Begleiter fest an.

„Also, im Ernst, Altstetten – war da nicht etwas im Gang, so eine kleine Kuppelei seitens meiner Gemahlin? Sie sang mir das Loblied auf einen gewissen Wolf-Dieter von Altstetten in zu schönen Tönen, als daß ich nicht hellhörig geworden wäre. Sie können mir ruhig die Wahrheit sagen, Altstetten."

Ohne sich zu besinnen, antwortete Wolf: „Es entzieht sich meiner Kenntnis, inwieweit die Gräfin sich mit solchen Plänen trägt. Von meiner Mutter weiß ich es ziemlich genau, weshalb ich mit ihr hierherfahren mußte."

„Aha. Und Sie und die Heidi? Habt ihr darüber gesprochen?"

„Ja, ganz ehrlich und offen. Wir sind gute Freunde geworden. Aber Liebe – nein, dazu war die Zeit doch wohl zu kurz."

„Gut, sehr gut, Altstetten. Mehr wollte ich nicht wissen. Offen gestanden, ich will Karola noch nicht hergeben. Sie ist mir noch zu jung, und ich habe noch viel zu wenig von ihr gehabt. Sie war ja dauernd im Internat. Aber ich weiß gar nicht einmal, ob sie dort gelernt hat, wie man einen Rehrücken zubereitet. – Kommen Sie nächstes Jahr wieder oder in zwei Jahren, Altstetten. Wenn es dann sein soll, ich habe nichts gegen Sie einzuwenden und werde halt dann tief in meinen Säckel greifen, um Ihr Altstetten wieder auf die Höhe zu bringen."

Verblüfft hob Wolf den Kopf. „Sie wissen –?"

„Natürlich weiß ich genau Bescheid."

„Ich kann mir aber nicht denken, daß meine Mama –"

„O nein, im Gegenteil. Aber man hat halt auch so seine Verbindungen. Ich weiß auch, daß Sie daran unschuldig sind. Ihr Vater hatte keine glückliche Hand."

„Mag sein, aber zum Teil wird es auch an mir liegen. Ich hätte mich eben mehr mit Agrarwissenschaft beschäftigen müssen als mit Germanistik und Kunst."

„Ach, wissen Sie, Altstetten. Entweder man hat es in sich, oder nicht. Landwirte werden nicht erzogen, sondern geboren. Ich selbst habe mich auch weniger damit beschäftigt, hatte aber immer gute Inspektoren und Verwalter. Hubert allerdings ist der geborene Landwirt, dafür aber wieder ein Jäger, daß Gott erbarm. So, und nun bin ich doch froh, daß wir uns über dieses Thema ausgesprochen haben."

„Ich auch, Herr Graf."

„Wann reisen Sie?"

„Morgen. Meine Mutter wollte zwar unbedingt

noch eine Verlobung in der Tasche mit nach Hause nehmen. Aber es muß ja nicht immer alles nach ihrem Willen gehen."

Wolf-Dieter von Altstetten lachte herzhaft. Dann setzten sie ihren Weg fort und kamen gerade noch rechtzeitig auf Schloß Jenna-Zinntal an, bevor ein Regenguß aus dieser schweren, grauen Wolke über die Landschaft hingeschleudert wurde.

Irgendwer mußte geschwätzt haben. Vielleicht hatte der Förster Frankenegg mit seinem Wissen geprahlt und der Sennerin Kreszenz von der Schusteralm erzählt, was er von der Komtesse Karola-Adelheid und dem Tofiller Markus zu wissen glaubte.

Die Kreszenz aber war eine Freundin der Kronwitter Margret und erzählte es dieser bei deren Sonntagsbesuch auf der Alm gleich brühwarm.

Was übrigens den Förster Frankenegg betraf, so schlich der dauernd um den Tofill herum. Aber gerade als ob die etwas gemerkt hätten, es ging in dieser Zeit keiner hinaus, und es war wohl übertriebener Diensteifer, was er tat, denn die Gräfin hatte ihn nie mehr darum angesprochen. Es hatte sich wohl einiges geändert, seit dieser Freiherr von Altstetten dagewesen war, und die Gräfin brauchte nicht mehr nachts zu ihm zu kommen, um ihn aufzuhetzen.

Aber so wirr ist nun einmal das Leben. Die Komtesse Karola-Adelheid wurde in Verbindung gebracht mit dem Tofiller Markus und auch mit dem anderen, der mit ihr ausgeritten war und sie in seinem knallroten Wagen spazierengefahren hatte. Der Neid regte sich, das Gerede wurde verworrener, und Karola-Adelheid kam in den Ruf eines Mädchens, das die Liebe leicht nahm.

„Die kann sich's ja leisten", meinte die Störnäherin Wimmer. „Einen für werktags und einen für sonntags."

Man sprach es zwar nicht laut aus, man wisperte es nur so einander zu, denn der Graf von Jenna-Zinntal war immerhin eine Respektsperson, mit der man es sich nicht verderben wollte.

An einem Wochenfeiertag im August – es war Mariä Himmelfahrt – richtete der Kronwitter es so ein, daß er nach der Kirche im Wirtshaus zu Wildflecken neben dem Tofiller zu sitzen kam.

„Wenn du heimgehst, geh ich mit dir", sagte er. „Hab was zu reden mit dir."

Der Tofiller blies den Schaum seines Weißbieres weg und trank ein paar kleine Schlucke.

„Was Wichtiges?" fragte er dann.

„Wie man's nimmt."

Groß und hager saß der Tofiller da, und nur wenn er zum Fenster blickte, konnte man sehen, daß das eine Auge aus Glas war, weil es in dem grellen Licht etwas heller blinkte als das andere.

Er war kein Trinker, und die eine Halbe reichte ihm leicht, bis es elf Uhr läutete und Zeit für ihn wurde, heimzugehen, weil die Knödel verkochten, wenn er sich verspätete.

Daß der Kronwitter ihm etwas sagen wollte, hatte

er bereits wieder vergessen und dachte erst wieder daran, als er ihn plötzlich neben sich sah. Der Kronwitter war viel kleiner als er, dafür aber recht dick.

„Ach so“, sagte der Tofiller und nahm die halbgerauchte Virginia aus dem Mund. „Du wolltest mir ja was sagen! Um was dreht es sich denn?“

Sie blieben stehen. Munter plätscherte die Roschach an ihnen vorbei. Der Tofiller suchte in seiner Tasche nach Zündhölzern.

„Ich weiß nicht“, begann der Kronwitter, „ob du dich noch erinnern kannst, was wir einmal – es ist schon etliche Jahre her – in St. Margarethen beim Adlerwirt miteinander ausgemacht haben.“

Der Tofiller steckte umständlich das abgebrannte Zündholz wieder in die Schachtel zurück, machte ein paar Züge und nickte dann:

„Natürlich weiß ich das. Daß mein Bub, der Markus, und deine Dingsda – wie heißt sie gleich noch?“

„Meine Margret.“

„Richtig, Margret heißt sie. Genau wie die meine. Ja, daß die einmal einander heiraten sollen.“

„Siehst, er weiß es noch“, sagte der Kronwitter beinahe fröhlich.

„Natürlich, ich hab ja keinen Rausch gehabt wie du.“

„Na ja, damals hab ich noch meine zehn Halbe vertragen können. Heute reichen mir schon drei. Alles laßt halt einmal aus, wenn man den Fünfziger hinter sich hat. Also, dann hat das noch seine Gültigkeit?“

„Von mir aus ja, ich bin noch immer zu meinem Wort gestanden. Wie kommst du überhaupt drauf, daß ich mir's anders überlegt hätte?"

„Das kann ich dir ganz genau sagen: weil dein Markus sich überhaupt nicht um meine Margret kümmert."

Da lachte der Tofiller auf seine hochmütige, etwas spöttische Art.

„Geh, was willst denn, das sind ja noch Kinder!"

„Kinder?" tat der Kronwitter verblüfft. „Du bist schon gut! Dein Markus ist doch schon ein Prügelmannsbild. Und meine Margret, ich weiß nicht, ob du sie in letzter Zeit gesehn hast, wie die sich entwickelt hat!"

„Das kann schon sein, aber zum Heiraten sind sie alle zwei noch viel zu jung. Der Markus soll zuerst noch die Landwirtschaftsschule hinter sich bringen, bevor er an so was überhaupt denkt."

Da bekam der Kronwitter ein ganz fauniges Gesicht und sagte bissig: „Und in der Zwischenzeit, meinst, kann er mit anderen rumziehen, während meine Margret schön brav wartet. So ist es ja auch grad nicht! Meine Margret kann zehn andere haben und muß nicht grad auf den Tofill."

In leiser Verwunderung schaute der Tofiller auf den aufgeregten Bauern nieder und sagte:

„Warum regst du dich denn so auf? Wenn deine Margret zehn andere haben kann, soll sie doch einen davon nehmen. Ich hab dir gesagt, ich steh zu meinem Wort, aber ich zwinge dich nicht, das deine zu halten. Das eine sag ich dir zwar gleich: Ehe er nicht dreißig ist, braucht mein Markus nicht zu heiraten. Ich mag noch nicht im Austrag leben.“

„Bis dahin ist meine Margret eine alte Schachtel.“

„Mit dreißig Jahren ist auch ein Weibsbild noch nicht alt, im Gegenteil, da sind sie in der besten Blüh.“

„Sie soll also recht sittsam und brav sein, und der Deinige kann sich amüsieren, daß es eine Art hat?“

„Ich weiß nicht, was du meinst.“

„Sag nur gleich, du hast noch nicht gehört, was schon die Spatzen von den Dächern pfeifen.“

Der Tofiller schaute auf die Roschach hin, in der er eine Forelle entdeckt hatte.

„Was pfeifen die Spatzen von den Dächern? Red nicht lang um den Brei rum und sag, was los ist.“

Der Kronwitter schob seinen Hut aus der Stirn und blinzelte von unten her in das Gesicht des Tofillers, in dem nicht die leiseste Spannung war.

„Man sagt – daß dein Markus mit der Komtesse vom Schloß ...“

Weiter kam er nicht, denn der Tofiller unterbrach ihn mit einem dröhnenden Lachen.

„Du spinnst ja! Als ob das ein Zusammenstand wäre! Mein Bub und – geh, da lachen ja die Küh! Wie du so einen Schmarrn nur glauben kannst!“

„Na ja, es wird halt geredet.“

„Fragt sich bloß, wer redet. Wahrscheinlich die, die das ganze Jahr reden.“ Der Tofiller stäubte mit den Fingern die Asche von seiner grünen Weste und warf dann den kümmerlichen Rest seiner Virginia in die Roschach. Blitzschnell schoß die Forelle danach, ließ sie aber gleich wieder los.

„Also, meine Meinung hab ich dir jetzt gesagt, Kronwitter. Halte du es, wie du willst. B'hüt dich Gott und – gesegnete Mahlzeit."

Der Tofiller setzte seinen Weg fort und drehte sich gar nicht einmal um, als der Kronwitter ihm mit seiner hohen Fistelstimme nachschrie:

„Soll sich halt einmal sehen lassen bei uns, dein Markus! Die Margret kann ihm doch nicht nachlaufen."

Vielleicht hörte er es gar nicht im Rauschen der Roschach, die hier gerade über ein kleines Gefäll lärmte, oder er war in seinen Gedanken mit der unerhörten Neuigkeit so beschäftigt, daß er nicht darauf achtete. Auf einmal lachte er wieder laut vor sich hin. So eine Narretei, dachte er. Mein Markus und die Komtesse ...

Es kam ihm so lächerlich vor, daß er den Markus gar nicht darum fragen wollte. Dieser Entschluß bekräftigte sich nur noch, als er seine „Rasselbande", wie er sie in einer zärtlichen Aufwallung – die bei ihm zwar sehr selten war – nannte, so am Mittagstisch beisammensitzen sah.

Sie warteten bereits auf ihn, und kaum, daß er die Stube betreten hatte, schlug die Notburga, die jüngste Tochter, das Kreuzzeichen und sprach das Tischgebet. Die Mutter trug die Suppe auf, und alle warteten, daß der Vater zuerst in die Schüssel lange.

Während des Essens hob er manchmal seinen Blick und schaute seine Schar der Reihe nach an.

Neben ihm saß die Mutter, groß, schlank und schneeweiß im Haar. Dann die beiden Töchter, die Notburga und die Martha, beide auch hochaufgeschossen, mit den ebenmäßigen Gesichtszügen der Mutter. Dann kam Martin, der Sechzehnjährige, ganz sein Ebenbild. Zwischen Martin und Markus saß Christian, das Nesthäkchen, das ebenfalls ihm wie aus dem Gesicht geschnitten war. Dann kam Markus mit seiner seltsam ausstrahlenden Ruhe, die einem Dreißigjährigen angestanden hätte, und der wieder ganz die schmalen Gesichtszüge der Mutter hatte.

Auf ihm blieb der Blick des Tofiller etwas länger haften, so daß Markus es fühlte und seinem Blick offen begegnete. Da mußte der Tofiller ein Lächeln unterdrücken, denn es fiel ihm wieder ein, wie absonderlich der Gedanke war, ihn mit der Komtesse Karola-Adelheid in Verbindung zu bringen.

Erst spät am Abend, als sie schon zu Bett gegangen waren, sprach er mit der Frau darüber.

„Stell dir vor, Margret, was ich heut gehört habe. Unser Markus und die Komtesse sollen eine Liebschaft haben."

Die Mutter erschrak zuerst darüber. Aber dann mußte auch sie lachen. „So was Unsinniges. Wer hat dir denn diesen Floh ins Ohr gesetzt."

„Der Kronwitter. Er hat sich beschwert, daß unser Markus sich um seine Margret gar nicht kümmert."

„Ah so", sagte die Tofillerin und unterdrückte ein Gähnen. „Wenn er auf ein Wirtshausversprechen was gibt, kann er mir leid tun. Wahrscheinlich seid ihr damals alle beide nicht mehr ganz nüchtern gewesen, denn Kinder verhandelt man ja nicht."

Der Tofiller langte nochmals aus dem Bett, wo am Stuhl seine Weste hing, und zog seine Taschenuhr auf.

„Ich hab ihm schon Bescheid gesagt, denn zu warten braucht seine Margret gerade nicht, wenn es so ist, wie der Wamperling sagt, daß sie zehn an einem Finger haben könnte. Ich will nicht haben, daß er sie nicht an den Mann bringt, halt aber meinerseits mein Versprechen aufrecht."

„Was kann man denn da schon sagen. Alle zwei sind sie jetzt noch nicht einmal neunzehn. Schlaf gut."

Die Tofillerin drehte sich um und sprach ihr Gebet. Aber auch hernach, als der Atem des Mannes längst in satten Schlaf übergegangen war, schlief sie nicht gleich ein, sondern starrte mit großen Augen über sich in das Dunkel. Es fiel ihr jetzt ein, daß Markus in letzter Zeit sehr verändert war, nicht mehr so ernst, so grüblerisch, sondern von einer fröhlichen Ausgeglichenheit. Es fiel ihr weiterhin ein, daß Markus in letzter Zeit manchmal aus dem Haus geschlichen und spät heimgekommen war. Sie hatte ihn nie darüber gefragt, und sie würde ihn auch jetzt nicht fragen, denn immer war es so gewesen, daß gerade dieser Sohn, wenn ihn irgendein Kummer bedrückte, zu ihr gekommen war.

Und doch umklammerte jetzt eine große Angst ihr Herz, wenn sie daran dachte, daß es vielleicht doch so sein könnte, wie der Vater vorhin gesagt hatte, daß Markus und die Komtesse ...

Aus so einer Liebe aber konnte nur unermeßliches Leid entstehen. Und welche Mutter möchte ihren Sohn nicht vor Leid bewahren?

Es war wieder sehr still im Schloß, als die Altstettens abgereist waren. Gräfin Mechthild umsorgte ihre Tochter, als ob sie alles nachholen wollte, was vorher versäumt worden war.

Karola-Adelheid aber ließ nichts davon an sich herankommen. Die Fragen konnten so unverfänglich gar nicht gestellt werden, daß sie darauf hereingefallen wäre.

Gewiß, sie sei Wolf-Dieter sehr zugetan, räumte sie ein. Aber die Zeit sei doch wohl zu kurz gewesen, als daß man sie schon mit einer Verlobung abgeschlossen habe. Vielleicht sei es auch so, daß der Freiherr vorher noch einiges zu bereinigen habe, denn die Mutter werde doch nicht annehmen, daß ein Mann wie er mit einem freien Herzen zu ihr gekommen sei.

Bei einem Mann sei das vielleicht verständlich, gab die Gräfin zu. Das sei unter Umständen sogar sehr gut, weil er dann den wirklichen Wert einer Frau zu schätzen wisse. Bei einem Mädchen sei das freilich anders. Ein paar Stunden unter Almrauschblüten könnten den guten Ruf eines Mädchens schon in den Schatten zerren, zumal dann, wenn es sich um einen einfachen Bauernburschen handele.

Karola-Adelheid antwortete nichts darauf, dachte aber an die schönen Stunden, in denen ihr Herzschlag unter den Almrauschblüten so rasend schnell gegangen war. Und sie dachte weiterhin, daß es gut sei, wenn niemand in ihr Innerstes sehen konnte, wie da alles flammte und leuchtete in einer reinen, wundersamen Liebe.

Die Welt hatte sich für sie gewandelt. Sie ging wie unter einer Verzauberung durch die Tage, seit sie liebte und wußte, wie tief und ehrlich auch sie geliebt wurde. Sie hatte es erlebt, daß Markus eifersüchtig gewesen war in den Tagen, als Wolf in Jenna-Zinntal war. Seit aber die Altstettens abgereist waren, war Markus wieder ruhiger geworden, und er hatte sich vollends einhüllen lassen in den Traum, daß sie nie im Leben voneinander lassen und mit aller Kraft für ihr Glück einstehen und kämpfen wollten.

Und wieder kam eine Stunde zwischen Dämmerung und Nacht, in der sie hinter der alten Schloßkapelle engumschlungen beisammensaßen. In den Fliederbüschen zirpte zuweilen ein Vogel im Schlaf. Mit harter Regelmäßigkeit schlugen die Viertelstunden vom Schloßturm her.

Es mochte gerade zehn Uhr geschlagen haben, da war plötzlich ein Knurren zu hören, und Karola-Adelheid schrak heftig zusammen, denn im gleichen Augenblick schlug ein Hund an.

„Kusch dich, Treff“, zischte Markus. Aber diese Stimme war dem Hund nicht bekannt, und er folgte erst der schneidend scharfen Stimme seines Herrn, des Försters Frankenegg, der in knapp fünf Schritten Entfernung langsam an ihnen vorüberging.

Markus stellte sich vor Karola-Adelheid, damit sie beide nur wie ein Schatten aussehen sollten. Aber Frankenegg hatte längst erkannt, daß es sich hier um ein Paar handelte, um eine der Gutsmägde vielleicht, die sich hier heimlich mit ihrem Liebsten traf.

Erst im Weitergehen durchzuckte ihn ein besonderer Gedanke und ließ ihn nicht mehr los. Die Schritte weit setzend, ging er zu seiner Behausung, legte sein Jagdzeug ab, sperrte den Hund ein und eilte zurück zur Schloßmauer, von der aus er alles übersehen konnte.

Wenn nur die Nacht ein wenig heller gewesen wäre! Es flimmerten nur ein paar Sterne zwischen ziehenden Wolken. Die Roschach ging lauter als sonst, und so sehr Frankenegg sich auch anstrengte, er konnte nur verworrene Stimmen vernehmen. Und dann waren auf einmal nahende Schritte da. Frankenegg drückte sich ganz tief in den Mauerschatten und verharrte regungslos. Kaum einen Schritt von ihm entfernt gingen die beiden an ihm vorbei durch das kleine Gittertor und dann über den Schloßhof.

Jetzt hatte er die beiden genau erkannt, sein Gefühl hatte ihn nicht betrogen. Schau einmal einer an! Da steigt das schöne Fräulein nachts aus dem Fenster wie eine Bauernmagd!

Im Spalierbaum raschelte es. Dann wurde droben Licht gemacht, und Frankenegg sah jetzt deutlich den Burschen, der sich über den Schloßhof zurückschlich und dann über die nächtlichen Wiesen bergwärts eilte.

Wahrscheinlich waren die beiden der Meinung,

er habe sie gar nicht gesehen und noch viel weniger erkannt.

Die Beweggründe, weshalb er am anderen Morgen der Gräfin Bericht erstattete, waren bei ehrlicher Betrachtung nur Mißgunst und Neid. Hätte Gräfin Mechthild ihn genau beobachtet, so hätte sie in seinen Augen auch etwas wie Genugtuung schimmern sehen können, ja, eine satanische Lust, dieser stolzen Gräfin wehe tun zu können.

Und das gelang ihm vollends. Er sah ihr ja an, wie sie die Farbe wechselte und sich nur mühsam aufrecht hielt. So schön hatte sie gemeint alles angelegt zu haben, und Karola-Adelheid mußte nun alles mütterliche Entgegenkommen damit danken, daß sie nachts aus dem Fenster stieg, um hinter dem Rücken der Eltern ein Stelldichein zu haben!

Die Nachricht war niederschmetternder für die Gräfin Mechthild, als Frankenegg ahnen konnte. Der Schlag traf sie schwer, weil sie nun erkannte, daß die vermeintliche Verliebtheit ihrer Tochter doch viel tiefer ging, als sie vermutet hatte. Wenn es aber wirklich Liebe war, dann mußte sie jetzt ausholen zum Gegenschlag, wenn es für sie als Mutter nicht zur untilgbaren Schuld werden sollte, untätig zuzusehen.

„Und eine Täuschung ist nicht möglich?“ fragte sie sinnloserweise, denn sie wußte, daß es die Wahrheit war.

„Hätte ich so schlechte Augen, dürfte ich nicht Jäger sein“, antwortete der Förster.

„Dann muß ich Sie meiner Tochter gegenüberstellen, denn wer so schamlos ist, nachts aus dem Fenster zu steigen, findet auch den Mut, alles abzuleugnen."

Frankenegg wurde verlegen. Er trat von einem Fuß auf den anderen.

„Das halte ich nicht für gut", sagte er. „Warum soll auch ich hineingezogen werden?"

Die Gräfin ging ein paarmal hin und her. Dann blieb sie vor Frankenegg stehen.

„Ich war einmal bei Ihnen und habe Sie gebeten, mir auf andere Weise zu helfen. Hätten Sie es getan, wäre mir diese Stunde erspart geblieben."

Heftiger als er es eigentlich wollte, antwortete Frankenegg: „Dazu war noch keine Gelegenheit. Und einfach schießen ..."

„Still!" schrie die Gräfin. „Ich will das nicht hören. Aber wissen Sie vielleicht einen anderen Rat, als ihn des Wilderns zu überführen?"

Geschmeichelt, nun doch gewissermaßen um Hilfe gebeten zu werden, legte Frankenegg den Kopf zurück und sagte:

„Jawohl, ich weiß einen. Die Frau Gräfin setzen sich selber ums Dunkelwerden auf die Bank hinter der Schloßkapelle oder verstecken sich hinter den Fliederbüschen."

„Ja, der Gedanke ist gut, wenn auch entwürdigend. Ich danke Ihnen, Frankenegg, daß Sie mir es sagten. Und nun lassen Sie mich bitte allein."

Drei halbe Nächte saß Gräfin Mechthild vergeblich auf der Bank hinter der Schloßkapelle, und sie war schon nahe daran, es aufzugeben. Vielleicht hatte sich Frankenegg doch getäuscht, und es war ein anderes Paar gewesen, vom Gutshof vielleicht.

Aber er hatte doch gesagt, daß Karola-Adelheid durchs Fenster gestiegen sei, und daß er den jungen Tofiller genau erkannt habe.

Erst am vierten Abend erhielt sie die Gewißheit, daß alles wirklich so war.

Der Himmel war an diesem Abend verhangen, und es war um halb neun schon völlig dunkel, als die Gräfin, einen Lodenumhang um die Schultern gelegt, an der Schloßmauer entlangschlich und dann auf der Bank Platz nahm.

Markus Tofiller hielt sich sonst immer genau an die Zeit, an den Schlag, der die Viertelstunde nach neun Uhr ankündigte. Ausgerechnet heute war er früher daran, weil ihn die schnelle Dunkelheit dazu verleitete.

Gräfin Mechthild richtete sich steil auf, als sie den Schritt vernahm. Sie wollte dem jungen Mann ihre flammende Empörung zuschleudern. Aber dazu kam sie zunächst nicht, denn Markus hatte sie schon umschlungen und erkannte seinen Irrtum immer noch nicht, als ihm eine eisige Gegenwehr entgegengesetzt wurde. Betroffen trat er einen Schritt zurück.

„Aber Heidi, was ist denn los?“

Da richtete die Gräfin sich auf. Ihre Stimme war voll schneidender Kälte und traf den jungen Menschen wie ein Dolchstoß.

„Was ist los? Das werden Sie gleich hören.“

Markus dachte einen Augenblick daran, in der

Dunkelheit unterzutauchen. Aber dann wurde er ganz ruhig, er erkannte, daß es hier kein feiges Ausweichen geben durfte.

„Sie erdreisten sich also, nachts hierherzukommen, um eine Komtesse Jenna-Zinntal zu treffen. Sind Sie größenwahnsinnig, oder was bilden Sie sich ein? Glauben Sie, daß Sie es wagen dürfen, Ihre dreckigen Pfoten nach einem Kind auszustrecken, dem Sie höchstens die Schuhriemen lösen dürften? Ihre Eltern haben es da offensichtlich an der nötigen Erziehung fehlen lassen."

Daß er größenwahnsinnig sei, hatte ihn nicht getroffen, und daß er dreckige Pfoten habe, noch weniger. Daß sie aber jetzt auch noch die Eltern einbezog, machte ihn zornig:

„Lassen Sie meine Eltern aus dem Spiel, Frau Gräfin. Die wissen nichts. Und es kann durchaus sein, daß meine Hände nicht ganz so gepflegt sind, wie die der Frau Gräfin, aber vielleicht ist mein Herz dafür reiner."

„Sie mit Ihrem reinen Herzen", lachte die Gräfin ihm ins Gesicht. „Sie mit Ihrer schmutzigen Phantasie haben mein Kind dazu verleitet, daß es nachts aus dem Fenster steigt und die Eltern hintergeht! Glauben Sie denn, daß Sie sich das ungestraft leisten können, weil Sie der Sohn vom Tofiller sind?"

„Ich habe noch nicht gehört, daß Liebe strafbar wäre", antwortete Markus.

„Ach, Liebe, Liebe! Was wissen Sie denn schon von Liebe! Sie werden sich doch nicht einbilden, daß meine Tochter Sie etwa liebt?"

„Das brauche ich mir nicht einzubilden. Das ist nämlich die Wahrheit. Wir lieben uns und – wir gehören zusammen."

„Zusammen? Also, höher geht es denn doch schon nicht mehr." Die Gräfin fand nicht die Worte, die sie gebraucht hätte. Sie war sehr verwirrt, denn ursprünglich hatte sie sich vorgestellt, daß der junge Mann sofort die Flucht ergreifen würde. Statt dessen stand er da, groß und schlank und wich keinen Schritt zurück. In ihrer zornigen Verwirrung versuchte sie nun verzweifelt, die Situation zu ihren Gunsten zu verändern, indem sie sich bezwang und einen sachlichen Ton anzuschlagen versuchte.

„Hören Sie einmal zu, junger Mann. Ich glaube nicht, daß Sie so unklug sind, anzunehmen, daß das, was Sie so leichthin Liebe nennen, jemals Bedeutung und Sinn für Sie haben könnte. Ich weiß, daß man die Tofiller für klug und gerecht hält. Es müßte schon sein, daß Sie aus der Art schlagen. Es wird auch gar nicht Liebe sein, sondern das Absonderliche, das Ihnen die Einbildung gibt, Sie würden von der Komtesse geliebt."

„Das ist keine Einbildung, Frau Gräfin. Die Heidi lügt nicht."

„Oh, wie genau Sie sie zu kennen meinen! Hat Sie Ihnen dann auch gesagt, daß Sie bereits verlobt ist mit dem Freiherrn von Altstetten?"

„Das ist nicht wahr. Das müßte sie mir erst selber sagen."

„Dazu wird keine Gelegenheit mehr sein. Ich gebe Ihnen die Versicherung, daß ich alles in die Wege leiten werde, daß ihr beide euch nie mehr treffen könnt. Und nun gehen Sie, wenn Sie nicht wollen, daß ich Sie mit den Hunden forttreiben lasse."

„Gut, ich gehe. Aber so leicht sollte die Frau Gräfin nicht meinen, mit roher Gewalt etwas trennen zu können. Ich weiß schon, Sie glauben, weil Sie eine Frau Gräfin sind, auf unsereinen runterschaun zu können. Aber wir haben auch unseren Stolz, und wir haben nicht gelernt zu lügen. Aber die Frau Gräfin hat gelogen."

„Wann hätte ich gelogen?" fragte Gräfin Mechthild, ihre Erregung nur mühsam beherrschend.

„Gerade vorhin, als Sie sagten, daß die Komtesse bereits verlobt sei."

Gräfin Mechthild biß sich auf die Lippen. „Wenn sie es noch nicht ist, so wird sie es bald sein. Dafür werde ich sorgen."

Da schrie Markus mit hallender Stimme und ungeachtet dessen, daß man es weithin hören konnte:

„Sie können doch die Heidi nicht zwingen, einen Menschen zu heiraten, den sie nicht liebt!"

„Schreien Sie nicht so, und überlassen Sie das ruhig mir. Und gehen Sie jetzt endlich."

In diesem Augenblick tauchte Karola-Adelheid auf, und ehe die Gräfin es hindern konnte, hing sie an Markus' Hals.

„Ich habe dich schreien hören, Markus – und du hast recht, ich lasse mich nicht zwingen."

Mit einem festen Griff zerrte die Mutter sie zurück und hielt ihr Handgelenk fest.

„Schämst du dich denn gar nicht?"

„Nein, Mama, ich habe mich nicht zu schämen. Markus – sei mir nicht böse, ich kann nichts dafür, daß man dich beleidigt hat."

„Nein, Heidi, es macht nichts. Nur eines mußt du mir noch sagen: Stimmt es, daß du bereits mit einem anderen verlobt bist?"

Mit einem wehen Blick sah sie ihn an. „Glaubst du, Markus, daß ich dir das dann nicht gesagt hätte?"

Die Gräfin schob ihre Tochter vor sich her. Diese Gewaltanwendung wäre gar nicht nötig gewesen, denn Karola-Adelheid setzte gar keinen Widerstand entgegen, weil sie wußte, daß das wenig Sinn gehabt hätte, genausowenig Sinn, als wenn die Mutter nun glauben würde, sie habe mit ihrem Dazwischentreten diese Liebe beendet.

Sie traten durch das eiserne Türchen in den Schloßhof. Da erst blieb die Gräfin stehen und sagte:

„Von heute ab wirst du im Zimmer neben mir schlafen."

„Wie du wünschst, Mama", antwortete Karola-Adelheid gleichgültig. Die Antwort hätte genauso lauten können: Mach mit mir, was du willst, diese Liebe kannst du mir doch nicht aus dem Herzen reißen ...

Grell flammte das Licht in der Diele auf, und erst hier fand Gräfin Mechthild ihre Sicherheit wieder.

„Nun beichte", verlangte sie und deutete auf einen Sessel hin. „Setz dich und beichte."

„Ich habe nichts zu beichten, Mama."

„Nichts? Hat der Umgang mit diesem Menschen dich schon so verstockt gemacht, daß du glaubst, du brauchst deiner Mutter nicht die Wahrheit zu sagen?“

Karola-Adelheid richtete sich in ihrem Sessel auf und sah die Mutter an.

„Du irrst, Mama, wenn du glaubst, daß ich dir nicht die Wahrheit sagen könnte. Die Wahrheit ist ganz einfach. Ich liebe ihn. Sperr mich meinetwegen ein, schlag mich, tu mit mir, was du willst, aber es wird dir nicht gelingen, mir das aus dem Herzen zu reißen, was da drinnen blüht.“

Fassungslos starrte Gräfin Mechthild ihre Tochter an. Sie fühlte ihre Ohnmacht und wußte, daß hier mit gewöhnlichen Mitteln nichts mehr auszurichten war. Die Gewalt dieser jungen Liebe war größer, als sie gemeint hatte. Und sie war klug genug, einzusehen, daß sie die Tochter nicht so bewachen konnte, daß sie nicht mehr aus dem Bereich des Schlosses hinauskäme. Schließlich wußte sie keinen anderen Ausweg mehr und sagte: „Du mußt fort, und zwar weit fort, denn nur die Ferne kann dir helfen, diese unglückliche Angelegenheit zu vergessen.“

„Ach, Mutter, wie leicht du dir das vorstellst! Dann schick mich doch gleich in ein Kloster und mach eine Nonne aus mir.“

„Schweig! Über diese Dinge spottet man nicht.“

„Ich spotte nicht, Mama, aber im Ernst – ich würde es für erträglicher halten, als hier eingesperrt zu sein.“

„Du weißt nicht, was du redest. Geh hinauf jetzt, und lege dich schlafen. Morgen reden wir weiter."

Sie hatte vergessen, daß Karola-Adelheid im Zimmer neben ihr schlafen sollte, und so ging das Mädchen wieder in ihr eigenes Zimmer hinauf und starrte in die Nacht hinaus.

Kein Stern leuchtete am Himmel, und der Wind ging wie ein Klagelied um die Giebel und Türme des Schlosses. Alles war plötzlich so trostlos und verlassen. Auf einmal warf Karola-Adelheid beide Arme um das Fensterkreuz, weinte herzzerbrechend und wünschte sich in diesem Augenblick nichts anderes, als die letzte unter den Gutsmägden da drüben sein zu dürfen.

Morgen reden wir weiter, hatte Gräfin Mechthild gesagt. Über Nacht aber hatte sie es sich anscheinend doch anders überlegt. Sie schwieg nämlich und legte in dieses Schweigen ihre ganze Verachtung.

Zwei Tage lang hatten sich beide nichts zu sagen. Die Gräfin vermied es tunlichst, mit Karola zusammenzutreffen, wachte aber andererseits darüber, daß Karola-Adelheid nicht über den Schloßpark hinauskam. Ja, sie ließ sogar das Sattelzeug wegräumen, damit sie nicht ausreiten konnte.

Das erste Auffällige, was die Gräfin in die Wege leitete, war, daß der Schmied vom Gutshof kommen mußte, um am Fenster der Komtesse vier dicke Eisenstangen anzubringen. Und obwohl die Gräfin noch nie eine Spur von Interesse für handwerkliches Können gezeigt hatte, sah sie jetzt dem Gutsschmied zu und probierte selbst, ob die Eisenstangen sich nicht etwa biegen ließen.

Am zweiten Tag schickte sie einen Jungknecht hinauf zur Jagdhütte, der Graf Arno ausrichten mußte, daß er sich sofort aufs Schloß herunterbemühen möge. Dies glaubte Gräfin Mechthild verlangen zu können, weil es nirgends geschrieben stand, daß eine Mutter allein solch schwerwiegende Dinge zu tragen und zu bereinigen hat.

Im Grunde genommen machte Karola-Adelheid dieses Eingesperrtsein gar nicht soviel aus, denn sie fand jetzt genügend Zeit, ihr Tagebuch nachzutragen und an Markus einen Brief zu schreiben. Er möge nur jetzt nicht nur diesen verhangenen Himmel sehen, sondern so denken wie sie, daß hinter allen Schatten wieder das Licht leuchten werde. Es würde wieder einen Almrosenhang geben, Sonne und Wind und Küsse in der Dämmerung, denn sie liebe ihn doch, mehr, als er es vielleicht jemals gewußt habe. Dies habe vielleicht erst kommen müssen, um zu erkennen, wie groß ihre Liebe sei. Und er dürfe niemals zweifeln, daß ihre Liebe sich jemals ändern könne.

War die Gräfin Mechthild selber nie jung gewesen, oder hatte sie vergessen, daß die wirkliche Liebe Mittel und Wege entdeckt, um zu dem Verbündeten zu kommen? Ganz abgesehen davon, brauchte Karola-Adelheid die List gar nicht, denn sie hatte Menschen genug, die ihr zugetan waren. Die Frau des Gärtners besorgte den Brief.

Graf Arno war sehr ungehalten, daß man ihn heimholte. Ganz sicher war es nur wieder eine Kleinigkeit, die Gräfin Mechthild wie gewöhnlich groß aufbauschte. Sie nahm ja alles gleich so furchtbar wichtig.

Als er aber die drängende Ungeduld sah, mit der sie ihn erwartete, zog er doch die buschigen Brauen hoch.

„Was ist denn los, daß ich eigens vom Berg herunterkommen muß?"

„Es hat dir zwar nicht recht pressiert, herunterzukommen, aber immerhin, jetzt bist du da", antwortete die Gräfin. „Und ich erwarte von dir, daß du jetzt endlich ein Machtwort sprichst, weil es so nicht mehr weitergehen kann."

Graf Arno stellte seine Büchse in den Schrank und leerte seine Taschen von den Patronen. Dann drehte er sich um.

„Was darf nicht so weitergehen? Wenn dir Hubert wieder in den Ohren gelegen ist, daß er endlich –"

„Ach, es handelt sich doch nicht um Hubert", unterbrach die Gräfin ihn gereizt. „Der Junge weiß, was er unserem Namen schuldig ist."

„Jetzt vielleicht, ja. Aber früher hatte er das auch zuweilen vergessen."

„Mag sein. Aber wichtig ist, daß ein Mensch früh genug seinen Irrtum erkennt und dann den richtigen Weg findet. Ich bezweifle auch, daß er jemals so weit gesunken ist wie deine Tochter."

Graf Arno hätte am liebsten gelacht, unterdrückte es aber und ließ sich erleichtert in einen Sessel fallen.

„Ach so, aus dem Loch pfeift also der Wind. Was hat sie denn wieder ausgefressen? Ist sie vielleicht schon wieder auf der Wundspitze gewesen?"

„Nein, diesmal ist es viel schlimmer", antwortete die Gräfin und setzte sich ihm gegenüber. „Laß bitte deine Pfeife stecken, du weißt, ich kann diesen Tabak nicht vertragen. Zünde dir lieber eine Zigarre an, wenn du schon rauchen mußt, aber hör mir einmal zu. Deine Tochter steigt nachts aus dem Fenster, um sich mit dem jungen Tofiller zu treffen."

Mit einem Ruck hob Graf Arno das Gesicht. In seinen Augen war noch etwas wie Zweifel, aber sein Mund preßte sich schmal zusammen.

„Ist das die Wahrheit?" fragte er nach einer Weile. „Oder hat man es dir nur wieder so hintenherum zugetragen?"

Die Gräfin sah ihn fast beschwörend an.

„Es ist die Wahrheit, Arno. Ich habe es mit eigenen Augen gesehen. Ich habe Vorsorge getroffen, daß dies nicht mehr geschehen kann und die Fenster vergittern lassen. Aber ein Mensch, der bereits schon so tief gesunken ist, findet auch andere Mittel, um zu seinem Ziel zu kommen."

Graf Arno fuhr sich mit der Hand über die Augen. Dann stand er auf und ging ein paarmal in der Halle auf und ab.

„Du hast recht, Mechthild, wenn das wahr ist, muß ein Riegel vorgeschoben werden." Die Hände hinter dem Rücken verschränkt, ging er weiter auf und ab. An seiner gefurchten Stirn sah man, daß es ihm nun doch auch sehr naheging. Aber erst nach einer langen Weile fragte die Gräfin:

„Und was gedenkst du zu tun?“

„Was ich tun muß, Mechthild. Reinen Tisch schaffen. Vermutlich hast du ihr ja die Standpredigt schon gehalten, so daß mir das erspart bleibt. So werde ich mir den Tofiller vorladen.“

Die Gräfin schien etwas enttäuscht zu sein.

„Erhoffst du dir etwas davon?“

„Ja, Mechthild. Und zwar werde ich mir den Alten vorknöpfen, nicht den Jungen.“

„Ich weiß nicht, ob dies das Rechte ist.“

„Das überlasse nur mir. Ich kenne den Alten und weiß, wie ich ihn nehmen muß.“

„Und mit Heidi willst du nicht sprechen?“

„Doch, das werde ich. Und zwar sofort. Weißt du, wo ich sie finden kann?“

„Da kommt sie gerade.“

Graf Arno blickte auf und zum Fenster hinaus. Karola-Adelheid ging den Parkweg daher. Die Arme hinter dem Rücken verschränkt, den Kopf wie in tiefem Nachdenken zur Seite gelegt, kam sie langsam des Weges.

„Laß mich allein mit ihr“, sagte er. Aber er war bereits allein, weil die Gräfin schon hinausgegangen war.

Karola-Adelheid blickte überrascht auf, als sie den Vater in der Diele stehen sah. Aber sie erschrak nicht, sondern lächelte ihm fröhlich zu, so daß er meinte, das andere sei alles nur ein böser Traum gewesen.

„Ach, Vater“, sagte sie dann mit einem tiefen Seufzer, „ich bin so froh, daß du da bist.“

Lange sah er sie an, und sie wich seinen forschenden Augen keine Sekunde aus. Graf Arno merkte, wie eine große Beruhigung über ihn kam, denn so offen und frei konnte einen nur ein Mensch ansehen, der keine Ursache hatte, die Augen niederzuschlagen.

„Ich bin nicht freiwillig vom Berg heruntergekommen. Das könntest du dir eigentlich denken. Man hat nach mir geschickt.“

Karola-Adelheid zupfte ein paar welke Blätter vom Geranienstock, der am Fenster stand.

„Ach so“, sagte sie. „Dann weiß ich auch, warum.“

„Und – ist es wahr, Heidi?“

„Ich weiß nicht, was man dir erzählt hat, Papa. Aber wahr ist, daß ich und Markus Tofiller uns liebhaben.“ Sie sah, wie sich seine Brauen schmerzlich zusammenzogen und fügte schnell hinzu: „Da kann man nichts dafür, Papa. Das ist eine Macht, die kann man nicht so einfach wegschieben.“

„Nein, einfach ist es nicht“, antwortete er schnell und hart. „Es gehört Kraft und Wille dazu, eine Sache zu beenden, die von vornherein sinnlos ist. Ich möchte es unterlassen, dir Vorwürfe zu machen, weil du noch sehr jung bist und ich das Gefühl habe, daß du nichts getan hast, dessen ich mich schämen müßte, und außerdem nehme ich an, daß Mama dies schon in ausreichendem Maße besorgt hat. Trotzdem – hier stehe ich auf ihrer Seite, denn auch für dich gibt es eine Grenze, Karola-Adelheid. Diese Grenze mußt du achten. Das verlange ich von dir."

Nun erkannte Karola-Adelheid, daß sie auch den Vater gegen sich hatte, wenn er es auch nicht so feindselig zeigte wie die Mutter. Und als sie ihn nun so sitzen sah, die braungebrannten Hände hilflos zwischen den Knien hängend, den Kopf mit den grauen Haaren tief gesenkt, überkam sie ein heftiges Erbarmen.

„Ich wollte dir bestimmt nicht weh tun, Papa. Und es berührt mich schmerzlich, daß auch du mir mein Glück nicht gönnen willst."

„Glück nennst du das? Glück schaut anders aus. Aber das erkennst du in deiner Verwirrung nicht. Du gehst, meinst du, in lichten Höhen. Und wenn alles vorbei ist, weißt du, was dein Leben dann noch ist? Ein Scherbenhaufen. Jawohl, ein Scherbenhaufen. Ich hätte diesem jungen Tofiller mehr Achtung vor unserer Stellung und vor unserem Namen zugetraut."

„Du tust Markus unrecht. Du kennst ihn auch zu wenig – er hat mich lieb und meint es wahrhaftig ehrlich."

„Wieder sah er sie lange an, dann schüttelte er den Kopf: „Ich weiß wirklich nicht, Heidi, bist du noch so dumm und kindlich, daß du nicht mehr weißt, was du tust? Begreifst du denn nicht, wie weh du mir und deiner Mutter tust, wenn du nachts aus dem Fenster steigst wie eine –"

„Ich sehe ein, daß dies nicht richtig war. Ich begreife das um so mehr, weil ich jetzt sehe, wie es dich trifft."

„Diese Erkenntnis hätte dir früher kommen müssen. Geh jetzt, und laß mich allein."

Langsam ging Karola-Adelheid auf ihn zu und legte ihre Hand auf seine Schulter.

„Was willst du tun, Papa?"

Er sah sie aus müden Augen an.

„Jedenfalls werde ich alles tun, um dir und ihm zu helfen, auch wenn du es als grausam ansehen magst. Aber schau, der Abstand ist zu groß. Es gibt keine Brücke von ihm zu dir."

Nun waren diese trübverhangenen Tage vorbei, und die Sonne stand hell über der Landschaft und verschenkte freudig ihre Wärme.

Niemand war im Schloßpark zu sehen, als der Tofiller den Rieselweg dahinging. Nur ein Pfau drehte sein Rad in der Nähe der rauschenden Fontäne. Weil es ihm nicht zukam, gleich über die Terrasse zu gehen, ging er vorne herum und läutete an der großen Doppeltür, über der das Wappen der Jenna-Zinntals angebracht war.

„Sieh nach, es hat geläutet", sagte Gräfin Mechthild zu dem Stubenmädchen Laura, das gerade mit Abstauben beschäftigt war. Sie saß in einem großen Polsterstuhl vor einem Mahagonitischchen mit ihrer Patience. Sie hob nicht einmal gleich den Kopf, als sie die Tür gehen hörte, und legte ihre Karten erst noch aus, bis der Tofiller sich räusperte.

Da erst warf sie unwillkürlich den Kopf zurück und griff nach ihrem Lorgnon.

„Ach, Sie sind es“, sagte sie mit eiskalter Stimme und musterte den großen Mann, der so selbstbewußt dastand, die Beine ein wenig gespreizt, die Joppe zugeknöpft, den Hut zwischen den Fäusten drehend.

„Ja, ich bin es. Der Tofiller. Man hat mich für drei Uhr hierherbestellt.“

„Ja, das ist mir bekannt.“ Die Gräfin schaute auf ihre Uhr. „Es ist allerdings schon zehn nach drei. Mein Mann erwartet Sie oben und – er wartet nicht gern.“

Der Tofiller hielt seinen Hut jetzt in der einen Hand ganz ruhig und steckte zwei Finger der anderen Hand in sein Westentäschchen.

„Bei uns Bauersleuten ist es nicht so, daß man einfach von der Arbeit weglaufen kann.“

Hatte zuerst schon seine selbstbewußte Haltung ihren Unwillen erregt, so ging seine Sprechweise ihr aber schon ganz und gar gegen den Strich. Aber instinktiv erfühlte sie, daß man diesem Mann nicht grob kommen dürfe. Sie griff nach einem Klingelknopf, und die Laura erschien.

„Führen Sie den Herrn hinauf zum Herrn Grafen.“

Sie mußten über die breite, teppichbelegte Treppe hinaufsteigen und dann den langen Flur entlanggehen, bis das Mädchen vor einer Tür hielt und schüchtern anklopfte.

„Herein!“ klang es.

Graf Arno saß hinter einem großen, schweren Schreibtisch, heute einmal ausnahmsweise nicht in seiner Jägerkleidung, sondern in einem hellen Anzug. Sofort stand er auf, reichte dem Besucher die Hand und deutete dann auf einen Stuhl.

„Zunächst Entschuldigung, Herr Graf", sagte der Tofiller. „Ich hab mich ein wenig verspätet. Aber wir sind gerade mitten im Grummet."

„Aber das macht doch nichts, lieber Tofiller. Ich weiß doch, wie das ist, wenn man mitten in der Arbeit steckt. Ich hätte Sie auch für abends herbitten können, mir fiel es erst hernach ein." Er griff nach einem Zigarrenkistchen und bot seinem Gegenüber eine an.

Durch die hohen Fenster fiel das helle Sonnenlicht, und in einem leisen Wind bewegten sich die seidenen Vorhänge. Graf Arno hatte sich auch eine Zigarre angezündet, sah ein wenig den Rauchringen nach und begann dann ganz freundlich:

„Ich habe Sie hierhergebeten, Tofiller, weil ich mit Ihnen etwas zu besprechen habe." Und als ob es ihm für das eigentliche Gespräch noch zu früh wäre oder er eine günstigere Einleitung suchte, brachte er das Gespräch zunächst auf die Roschach, deren leises Rauschen man auch hier hören konnte.

„Letzte Woche, als die Roschach so hoch ging, hatte ich Angst, daß es wieder Hochwasser gäbe."

Der Tofiller drückte seine Zigarre vorne ein wenig, weil sie schlecht zog. Dann machte er ein paar schnelle Züge und antwortete: „Ich hatte ja damals den Vorschlag gemacht, man möge oberhalb des

Knies bei der Schoffelalm einen Staudamm bauen. Aber erstens hörte man nicht auf mich, und zweitens stellte das Flußbauamt keine Mittel zur Verfügung."

„Ja, ja, ich erinnere mich", antwortete Graf Arno schnell. „Eher schindet man die Maus um den Balg, bevor man von den Behörden was rausbringt. Und sonst? Wie geht es sonst, Tofiller?"

„Sonst?" fragte der Tofiller ein wenig erstaunt. Dieses Abschweifen in Nebensächlichkeiten gefiel ihm nicht ganz. „Ja, sonst ist alles in Ordnung." Dann legte der Tofiller die Zigarre in den Aschenbecher, verschränkte die Hände ineinander und sah sein Gegenüber offen an:

„Herr Graf – was soll denn dieses Gerede? Sie wollten mir doch etwas ganz anderes sagen."

Kaum merklich zuckte Graf Arno zusammen. Dann streckte er sich.

„Ja, Tofiller, Sie haben recht. Ich muß Ihnen etwas anderes sagen." Er griff nach einem Aktendeckel und blätterte ein wenig in den Papieren, so, als suche er dort, was er dem Tofiller zu sagen habe. Dann schlug er den Aktendeckel plötzlich zu und sah sein Gegenüber scharf an.

„Tofiller, wir haben uns immer gut verstanden. Sie haben mir manche wertvolle Hilfe geleistet und manchen guten Rat gegeben. Ich war kein Landwirt, aber Sie haben so halbwegs einen aus mir gemacht. Ich habe das nicht vergessen, und immer ein Auge zugedrückt, wenn ich draufgekommen bin, daß Sie mir einmal einen Hirsch oder ein Reh weggeschossen haben. Jetzt aber ist die Zeit gekommen, wo ich Ihnen einen guten Rat geben muß. Es handelt sich um Ihren Markus."

„Also doch", antwortete der Tofiller und griff wieder nach seiner Zigarre. „Herr Graf, glauben Sie diesen Unsinn wirklich? Ich denke, daß dies nur Weibergeschwätz ist."

„Ich wollte, Sie hätten recht, Tofiller. Genau wie Sie, so habe ich auch gedacht. Leider habe ich mich aber jetzt eines anderen belehren lassen müssen. Meine Tochter selbst leugnet es gar nicht. Ich weiß nicht, ob Sie über alles Bescheid wissen, ob Ihr Sohn überhaupt davon gesprochen hat, und wie er sich die Sache vorstellt."

„Mein Sohn hat nie darüber gesprochen, und ich kann mir auch gar nicht vorstellen, daß er so unvernünftig wäre, sich einzubilden, daß ..."

„Etwa eine Verbindung zustande käme", unterbrach ihn Graf Arno schnell. „Sie haben recht, das wäre verhängnisvoll. Sehen Sie: Ich habe auch gedacht, daß es harmlos sei, weil sie sich ja doch von der Schule her noch gut kennen. Jetzt aber habe ich erfahren, daß die Sache doch ernsten Charakter trägt. Und das muß zu einem Ende kommen, so oder so."

„Jawohl, zu Ende kommen", antwortete der Tofiller. „Es fragt sich bloß, wer dabei der Leidtragende ist."

„Wahrscheinlich beide. Aber sie sind beide jung und werden es überwinden. Sie müssen Ihrem Sohn den Standpunkt richtig klarmachen, müssen ihn in die Schranken weisen, wenn er in seinem jugendlichen Ungestüm die Grenze nicht kennen will, die ihm zwangsläufig gesetzt ist. Tofiller, ich habe Sie immer für einen vernünftigen Mann gehalten und glaube, daß Sie mich verstehen."

„Durchaus, Herr Graf. Und was mich betrifft, so werde ich meinen Sohn schon in die Schranken weisen."

„Das erwarte ich von Ihnen. Ich werde natürlich auch mein Möglichstes tun. Notfalls muß die Heidi wieder fort. Ich kann es mir nicht leisten, daß ihr Ruf durch die Klatschmäuler gezogen wird."

„Ich auch nicht, Herr Graf", antwortete der Tofiller und stand auf. „Auch wir Tofillers haben einen guten Ruf, und ich will nicht abwarten, bis es heißt, der Narr da oben hat sich wer weiß was eingebildet, und jetzt hat er eben doch seinen Fußtritt bekommen."

„Nur nicht bitter werden, Tofiller. Ich habe Ihnen meinen Standpunkt ganz klar gesagt und hoffe, daß Sie ihn begreifen."

„O ja, ich bin gar nicht so begriffsstutzig. Ich nehme das Ganze nur nicht so bitter ernst, weil ich mir denke, daß das, was bei den zwei jungen Leuten jetzt wie Verliebtheit ausschauen mag, morgen oder übermorgen schon zu Ende sein kann, auch ohne uns."

„Ich wollte, ich könnte auch so denken wie Sie. Leider sehe ich es jetzt ganz anders, und ich kann nur nochmals sagen, bieten Sie all Ihren Einfluß auf und reden Sie Ihrem Sohn diesen Unsinn aus dem Kopf, bevor es zu einer Tragödie kommt."

„Warum so schwere Worte, Herr Graf, um ein bisserl Verliebtheit. Das wird schneller vergangen sein, als wir beide denken."

„Hoffen wir es", antwortete Graf Arno und streckte dem Tofiller die Hand hin. „Es wäre jammerschade, wenn unser gutes Einvernehmen dadurch getrübt würde."

Er geleitete den Tofiller zur Tür und machte den Fehler, daß er ihn nicht bis zur Haustür begleitete. Drunten saß nämlich immer noch die Gräfin Mechthild über ihren Karten, legte sie aber schnell zusammen, als sie den schweren Schritt hörte, und hob den Kopf.

Der Tofiller wollte rasch an ihr vorbeigehen, um so schnell wie möglich hinauszukommen in die warme Sonne. Er hatte auf einmal das Gefühl, die Wände wollten ihn erdrücken, und die Ahnenbilder an den Wänden lächelten spöttisch auf ihn, den Bauern, nieder. Da rief die Gräfin ihn mit einem kurzen Wort an. Der Tofiller verhielt den Schritt, obwohl er schon die Hand nach dem Türgriff ausgestreckt hatte.

„Nun?"

„Was nun?" fragte er zurück.

„Hat Ihnen mein Mann nun reinen Wein eingeschenkt?"

„Ja, eingeschenkt. Ob er rein ist, der Wein, weiß ich nicht. Mir schmeckt er herb, verdammt bitter!"

Da meinte die Gräfin, daß er zerknirscht sei von dem, was ihm gesagt worden war. Und einen Zerknirschten, so dachte sie, dürfe sie noch mehr zerknirschen. Dieser Bauer da sollte nur seinen Kopf nicht so hoch tragen, als sei er wer weiß was!

„Sie hätten sich diese Stunde ersparen können, mein Lieber, wenn Sie Ihren Sohn so erzogen hätten, daß er den nötigen Respekt gehabt hätte vor dem Wappen, das Sie draußen vor der Tür sehen können."

Ganz leicht zitterte die Hand des Tofiller, die den Hut hielt. Nicht aus der Ruhe bringen lassen, rief er sich selber zu. Wenn ich das sage, was mir auf der Zunge liegt, dann fällt die Frau Gräfin bestimmt in Ohnmacht. Er dachte aber auch nicht daran, sich hier beleidigen zu lassen.

„Ich bin nicht ihr Lieber, merken Sie sich das, Frau Gräfin", knurrte er, sich mühsam beherrschend. „Wie ich meine Kinder erzogen habe, das geht Sie nichts an. Fragen Sie sich lieber, ob Sie Ihre Tochter richtig erzogen haben."

Kreidebleich sprang die Gräfin auf. „Was erlauben Sie sich!"

„Schreien Sie mich nicht so an, ich höre ganz gut. Und wenn Sie wissen wollen, was das heißen soll: Ein Holzscheitl brennt nicht von allein."

„Wollen Sie damit sagen, daß meine Tochter Schuld hätte?"

„Nein, aber auch der Markus ist nicht der allein Schuldige, und, Frau Gräfin, Heilige sind wir alle nicht, die Bauern nicht, und nicht die Grafen."

„Ihre Weisheit in Ehren, aber es ist eine Unverschämtheit, zu bezweifeln, daß ich meine Tochter richtig erzogen habe."

„Nennen Sie es, wie Sie wollen. Aber lassen Sie sich von mir etwas sagen ...“

„Ich will von Ihnen nichts gesagt bekommen. Gehen Sie!“ bellte die Gräfin Mechthild.

Der Tofiller jedoch blieb ruhig stehen. Seine Schultern erschienen ihr plötzlich übermännlich breit, er verdeckte ihr alles Licht, das durch das Fenster hereinfiel.

„Ich habe mit dem Herrn Grafen gesprochen von Mann zu Mann“, sagte er. „Und nun kommen Sie daher und wollen mir Vorwürfe machen, daß ich meine Kinder nicht richtig erzogen hätte. Mit welchem Recht fragen Sie das? Sie können sich Ihren Stolz schenken, Frau Gräfin. Auf mich macht das keinen Eindruck. Ich habe auch meinen Stolz und weiß, was ich zu tun habe.“

„Hoffentlich“, sagte Gräfin Mechthild und wollte gerade Atem holen, um zu einer ganz großen Rede anzusetzen. Aber der Tofiller hatte genug. Er ging nun mit dröhnenden Schritten hinaus und schlug die Tür krachend hinter sich zu.

„Flegel ...!“ schrillte die Gräfin hinter ihm her. Aber er hörte es nicht mehr, rannte schon durch den Park und schlug auch die Gittertür klirrend zu.

Das Ganze hatte kaum eine Stunde gedauert, und die Sonne schien immer noch warm, als der Tofiller wieder bergwärts schritt. Er ging nachdenklich und langsam dahin, denn ganz so leicht nahm er es doch nicht. Nicht, daß ihn die Sache mit Markus irgendwie erregt hätte, aber daß man ihm heute auf dem Schloß die Grenze so deutlich gezeigt hatte, das wurmte ihn.

So ist es, dachte er. Solange sie einen brauchen, ist man gut genug. Kaum aber streckt man nur den kleinen Finger in ihre Welt hinein, dann schlagen sie zu. Es freute ihn nur, daß er dieser hochmütigen Gräfin aber doch Kontra gegeben hatte. An diesem Brocken konnte sie nun schlucken.

Die Tofillerin wartete am Pflanzgarten auf ihn.

„Was war?" wollte sie wissen. Er wich ihrem fragenden Blick aus und sah zu Boden. Da wußte sie es. Ach, sie hatte es doch geahnt. „Es war wegen Markus, gelt?"

„Ja, wegen Markus war es. So ein dummer Bub, was der sich bloß eingebildet hat!"

„Und was willst du jetzt tun, Vater?"

„Nichts! Auf alle Fälle nicht das, was diese hochmütige Gräfin vielleicht erwartet."

Er trat ins Haus, zog sich um und ging dann hinaus auf die Wiesen. So, als sei er auf einen Trunk Wasser von dort fortgewesen, griff er zu seinem Rechen und begann zu arbeiten. Erst hernach, als sie mit dem Schobern fertig waren, nahm er Markus beiseite und ging mit ihm ein Stück den Hang hinauf. Dort, wo der Schatten des Waldes schon in breiten Streifen auf die Wiese fiel, setzte er sich und forderte Markus auf, sich neben ihn zu setzen.

„Ich war heute im Schloß. Man hat mich rufen lassen. Deinetwegen."

Markus erschrak. Der Tofiller sah es und legte beruhigend die Hand auf die Schulter des Sohnes.

„Sag mal, Markus, was hast du dir dabei gedacht?"

Markus griff nach einem Grashalm und wickelte ihn um den Finger. Erst nach einer langen Weile gab er Antwort.

„Eigentlich gar nichts, Vater. Es kam ganz einfach so plötzlich über uns, so wie manchmal ein Gewitter kommt, ohne daß man es merkt."

„So, so, es kam über euch. Und wer hat heute das Bad aussaufen müssen? Ich. Es war grad nicht recht erheiternd für mich, was man mir alles gesagt hat. Markus, du bist ein Narr."

„Ja, Vater, du hast recht. Ganz sicher bin ich ein Narr. Aber was soll ich denn tun?" Er schlug plötzlich die Hände vors Gesicht und stöhnte tief. „Ich kenn mich ja selber nicht mehr aus, Vater. Seit mich die Gräfin zur Rede gestellt hat, ist mir, als wäre ich aus einem Himmel ausgestoßen worden."

„Warum hast du mir nie etwas gesagt davon? Dann wäre mir diese Stunde heute erspart geblieben."

„Ach, warum nichts gesagt? Man kann über die Sachen nicht reden. Sie fallen einfach über einen her und lassen einen nicht mehr los."

„Das bildest du dir ein, weil du über beide Ohren vernarrt bist. Es wird dich loslassen müssen, Markus, weil es keinen andern Weg gibt."

„Dann laß mich fortgehen, Vater, weit fort. Vielleicht ist das das einzige Mittel, daß ich sie mit der Zeit vergesse."

Der Tofiller wandte den Kopf und schaute seinen Sohn verständnislos an.

„Fort? Vom Tofill fort? Du bist wohl nicht ganz bei Trost! Wegen eines Frauenzimmers den Tofill, deine Heimat, verlassen? Jetzt glaub ich aber, daß dir die Hexe da drunten den Kopf schon so verdreht hat, daß du gar nicht mehr weißt, was du redest."

„Vater!" schrie Markus auf. „Sag nichts über die Heidi, die hängt genauso an mir, wie ich an ihr. Und wenn man sie fort tut, ich renn ihr nach und werde sie finden."

„Auweh, da sitzt es ja tiefer, als ich gedacht habe. Hat denn der Verstand dich ganz verlassen?"

„Ja, Vater, manchmal scheint es mir selber so. Aber du hast vielleicht recht. Es hat sicher keinen Sinn. Aber helfen kann mir niemand dabei. Damit muß ich schon selber fertig werden."

„Ja, das mußt du, Markus. Und doch kann dir etwas helfen. Dein Stolz. Der Tofillerstolz. Der Stolz ist die beste Waffe für die Gekränkten. Du bist doch noch so jung und meinst jetzt, es gibt keine andere als die. Eins hat mir der Herr Graf heute gesagt, und da muß ich ihm recht geben. Er hat von einer Grenze gesprochen, die es nun einmal gibt und immer schon gegeben hat zwischen seiner Welt und der unseren. Und, ehrlich gesagt, Markus – nein, nein, rede mir jetzt nicht drein. Du siehst zur Zeit halt alles mit den Augen eines Verliebten. Aber wenn die Vernunft wieder über dich kommt, dann wirst du schon begreifen, was du für den Tofill brauchst. Du brauchst nämlich eine Bäuerin, die hart ist und stark, und die dir Kinder schenkt. Ich zwinge dich nicht, die Kronwitter Margret zu heiraten. Aber ich hab sie vor ein paar Tagen gesehen. Gar so uneben ist sie nicht, die könnte schon die Richtige sein für den Tofill.“

Markus hielt sich die Ohren zu. Immer hieß es Tofill. Dieser verdammte Berg, der schon soviel Müh und Schweiß getrunken hatte! Ihm sollte er sein Leben unterordnen, ihm sein Glück opfern! Was wußte der Vater davon, wie tief das alles saß. Es war leicht reden, wenn man so weit außerhalb der Gewalten stand und vielleicht gar nichts wußte um die Seligkeit des Augenblicks, der einen wie ein Rausch erfaßte, hob und trug und alles Denken in Beschlag nahm.

Menschen im Liebeskummer sind immer ein wenig ungerecht, und darum dachte auch Markus, daß der Vater leicht reden hätte und ihn gar nicht verstehen könne. In diesem Augenblick aber legte der Tofiller den Arm fest um seine Schultern, und in seiner Stimme war ein so versöhnender Klang, wie ihn Markus noch nie vernommen hatte.

„Die Zähne mußt zusammenbeißen, Markus. Ich weiß schon, daß es schwer ist, aber beiß die Zähne zusammen, zeig denen da unten, daß du ein echter Tofiller bist.“

Da warf Markus in einer jähen Bewegung seine Stirn an die Schulter des Vaters und schluchzte hart auf. „Ach, Vater, du weißt ja nicht, wie gern ich sie hab …“

„Brauchst dich nicht zu schämen, Bub, wein dich nur aus, dann wird’s dir leichter.“

Noch nie hatte Markus den Vater in seiner Güte so tief erlebt wie in dieser Stunde. Und diese Stunde zwischen Abend und Dämmerung hatte keine Zeugen, niemand außer dem Vater wußte, wie herzzerbrechend der junge Tofiller um seiner Liebe willen weinte.

Nun war es bekannt auf dem Tofill. Alle wußten, daß Markus, der Bruder, und die Heidi vom Schloß ein Liebespaar waren und daß dies nicht sein durfte. Die Mutter hatte es ihnen mit Tränen in den Augen erzählt. Aber die Geschwister wurden nicht einmal sonderlich davon berührt. Martin, der Sechzehnjährige, verzog nur spöttisch seinen Mund und meinte:

„Ja, ja, ein bißl hoch hat er immer schon nauswollen, der Markus."

Christian verstand noch nicht, um was es ging.

Die Schwestern aber bewunderten Markus. Besonders die Martha konnte sich in den Bruder hineinversetzen, weil es nicht so von ungefähr kam, daß sie zum Beispiel in letzter Zeit so gerne sonntags nach St. Margarethen in die Kirche ging, anstatt in das viel nähergelegene Wildflecken. Sie sagte, der Herr Dekan von St. Margarethen predige so schön. Aber was der Sareiter Anton, der Sägewerksbesitzerssohn, ihr hernach ins Ohr flüsterte, sagte sie nicht.

Ja, die Schwestern hatten dieses Ereignis ausgiebig zu besprechen, als sie spät abends in ihrer Kammer lagen. Die Notburga meinte, sie habe immer geglaubt, die Heidi könne sich gar nicht verlieben, weil sie so hoher Abstammung sei.

„Hast du eine Ahnung“, lachte die Martha. „Da sind wir uns alle gleich!“

„Freilich!“ meinte die Notburga. „Du mußt es ja wissen, aber der Toni ist auch eine Partie, die sich sehen lassen kann. Wie kommt er ausgerechnet auf dich?

Eine Weile war Schweigen in der Mädchenkammer. Dann antwortete die Martha:

„Das ist ganz schnell gegangen. Als er mit seinem Vater im Winter mal da war zum Holzkaufen, da hat er mich angeschaut, und als er gegangen ist, hat er mir heimlich ein Zetterl in die Hand drückt, ich solle am Sonntag nach St. Margarethen ins Hochamt kommen, er tät dann hernach beim Café Seidl auf mich warten.“

„So schnell geht’s bei mir nicht“, seufzte die Notburga. „Dem Rager Urban müßt ich jedes Wort herausbetteln. Der kann stundenlang dasitzen und mich anschaun, und wenn ich ihm ein Bußl gib, dann sagt er: Dank dir recht schön, Burgerl. Aber daß er selber es auch einmal tät, das fällt ihm nicht ein.“

„Na ja, es wird schon werden“, meinte die Martha altklug und drehte sich auf die andere Seite. „Schlaf jetzt. Morgen früh ist die Nacht rum.“

Ja, wer so schlafen konnte wie die zwei! Markus konnte es nicht. Er lag mit brennenden Augen da und starrte ins Dunkle. Die Sehnsucht zerriß ihm fast das Herz, und zugleich erfaßte ihn ein rasender

Zorn gegen die Gräfin Mechthild, die nach seiner Meinung an allem schuld war. Schließlich hielt er es nicht mehr aus, kleidete sich an und stolperte in die Nacht hinaus. Wie magnetisch gezogen gingen seine Schritte auf das Schloß zu. Aber das kleine Gittertor war versperrt. Er sah nur das vergitterte Fenster und dahinter einen matten Lichtschein. Seine Fäuste klammerten sich um die Stäbe des Türchens. Dann war ihm alles gleich. Er steckte die Finger in den Mund und ließ einen leisen Pfiff hören.

Kaum eine Minute dauerte es, da öffnete sich das Fenster. Zwischen den Eisenstäben wurde Heidis schmales Gesicht sichtbar.

„Markus“, kam ihre Stimme halblaut herunter.

„Ja, ich bin's, Heidi.“

„Warte einen Augenblick!“

Das Licht erlosch, und Markus stand nun gegen den Eckpfeiler gepreßt und horchte auf jedes Geräusch. Es war merkwürdig, mit wie vielen Stimmen so eine Nacht belebt war. Die Fontäne plätscherte, die Wetterfahne knarrte im Nachtwind, selbst das Rauschen der Roschach war deutlich zu vernehmen. Einmal hörte man den schrillen Pfiff einer Lokomotive von St. Margarethen herauf.

Plötzlich fuhr Markus herum. Hinter dem Gittertürchen stand Karola-Adelheid. Sie hatte einen weiten Umhang über die Schultern gehängt. Ihr blondes Haar glänzte im Licht der Sterne.

„Ach, Markus“, flüsterte sie und drückte die Stirn gegen die Eisenstäbe, die so eng gesetzt waren, daß man das Gesicht nicht durchbringen konnte.

„Sie haben den Schlüssel versteckt, ich kann nicht hinaus."

Durch die engen Stäbe hindurch griff er nach ihren Schultern. Sie konnten nur ihre Stirnen aneinanderlehnen.

„Machen sie es dir schwer, Heidi?"

„Warum fragst du, Liebster? Ich habe nie geahnt, daß man um einer Liebe willen so viel tragen kann. Und jetzt, weil du da bist, jetzt ist alles wieder so leicht. Macht man es dir auch so schwer?"

„Nein, Heidi. Mir niemand. Nur – sie sagen, wir könnten nie zusammenkommen. Die Kluft sei zu tief."

„Ja, ja, das sagt man mir auch und noch einiges mehr. Aber es liegt ja nur an uns, Markus. Wir müssen nur beide den Willen haben, einander nie zu verlieren. Die Jahre gehen so schnell dahin, Markus, und auf einmal bin ich volljährig. Dann kann mich niemand mehr halten. Sie können mich höchstens enterben, aber halten können sie mich nicht mehr. Es fragt sich bloß, ob du mich dann noch willst, wenn ich mit ganz leeren Händen dastehe!"

„Ach, Heidi, als ob es darauf ankommt", sagte er und dachte in diesem Augenblick, daß er ihren Traum nicht zerstören dürfe. Vielleicht war es auch kein Traum? Vielleicht lag es wirklich nur an dem unerschütterlichen Willen, wie sie sagte, wenn sie sich nicht verlieren sollten?

„Hör zu, Markus", flüsterte sie nun wieder. „Komm am Sonntagnachmittag zum Pavillon am

Dreieck unten. Ich warte ab zwei Uhr dort. Es ist nur – du mußt halt durch die Roschach waten."

Gutmütig lächelte er zu ihren Bedenken. Die Roschach, dieses harmlose Bächlein! Weiß sie denn nicht, daß er für sie durch den breitesten Strom schwimmen würde?

„Ich werde da sein", sagte er.

„Leb wohl, Markus. Bis zum Sonntag", flüsterte sie beseligt. Dann glitt sie von ihm weg und verschwand um die Ecke.

Markus wanderte wieder dem Tofill zu, über dem die Nacht mit flimmernden Sternen hing. Es war ihm noch viel schwerer ums Herz als vorher.

Und warum waren sie eigentlich unglücklich verliebt? Nur weil verschiedene Welten sie trennten. Es gäbe kein Hindernis, wäre auch er auf einem Schloß geboren oder die Heidi auf einem Bauernhof. Warum mußte es diese beiden Welten geben? Wer hatte sie erschaffen? Wer hatte die grausame Grenze gezogen, daß ein Herz zum andern nicht finden durfte?

Das war nicht Gottes Werk, das war der Menschen Werk. Und darum war es keine Sünde, wenn man sich wehrte und die Schranken gewaltsam niederriß.

All diese Fragen beschäftigten ihn in den folgenden Tagen, machten sein Blut unruhig, schürten seinen Zorn und machten ihn wieder todtraurig.

In dem Dreieck, wo die Roschach und der Kupferbach sich vereinigten, stand ein weißer Pavillon, der zum Schloß gehörte, aber nur noch ganz selten benutzt wurde. Er war vom Schloß her kaum einzusehen, denn die Stauden waren in den Jahren so hoch gewachsen, daß sie über dem zwiebelförmigen Dach beinahe zusammenschlugen. Nur nach St. Margarethen hinunter war der Blick frei. Aber auch hier wuchs schon der wilde Efeu über die Balustrade herein und schlängelte sich schon über die Hälfte des Steinbodens.

Wollte man in den Pavillon hinein, konnte man ihn nur von der Parkseite her erreichen. Ein hölzerner Steg führte dann über den Kupferbach, der sich hier schon ungestüm der Roschach entgegendrängte, um sich mit ihr knapp hinter dem Häuschen zu vereinigen. Der trieb die Sägemühle der Sareiters am Eingang von St. Margarethen und versorgte durch ein kleines Kraftwerk den Marktflecken mit Strom.

Früher waren im Pavillon zur Sommerzeit immer ein paar Liegestühle und einige Korbmöbel gestanden. Seit aber Gräfin Mechthild gemerkt hatte, daß auch Gutsmägde einen ausgeprägten Sinn für dies idyllische Plätzchen hatten und sich dort mit ihren Liebsten trafen, hatte sie diese Möbelstücke entfernen lassen. Hubert hatte zwar einmal gemeint, man solle Fenster einsetzen lassen und eine Türe, die verschließbar sei. Aber bei dieser Meinung war es geblieben.

Und so verfiel das Gartenhäuschen immer mehr. Von den Wänden bröckelte der Verputz, auf den Zementstufen wuchs Moos, und das Kupferdach hatte ein paar Löcher, durch die an Regentagen das Wasser tropfte.

Dies alles aber störte die beiden nicht, die sich an diesem Sonntagnachmittag hier trafen. Markus hatte die Schuhe ausziehen und durch die Roschach waten müssen. Das Wasser war ihm kaum bis an die Knie gegangen. Und so saß er jetzt mit Heidi auf der Balustrade, ließ die nackten Füße niederbaumeln und von der Sonne trocknen. Seinen Arm hatte er um das Mädchen geschlungen, und so schauten sie selbstvergessen hinunter auf St. Margarethen, wo über allen Dächern verschwenderisch die Sonne glänzte.

In unbändiger Lebensfreude schmiegte sich Karola-Adelheid fest an ihn. Sie fühlte sich geborgen bei ihm, es ging eine so starke Kraft von ihm aus, daß sie meinte, es könne nie etwas kommen, was sie noch auseinanderbrächte.

Ringsum feierliche Stille. Nur das Rauschen der Bäume und das geheimnisvolle Plätschern des Wassers.

„Ist es bei dir auch so", fragte Karola-Adelheid in die Stille hinein, „daß es keine Stunde gibt am Tag, wo deine Gedanken nicht bei mir wären?"

Er dachte nach und konnte gestehen, daß es genauso war.

„Wenn ich einschlafen will, bist du mein letzter und am Morgen mein erster Gedanke", sprach sie weiter. „Und mein Schlaf ist ausgefüllt mit Träumen von dir. Weißt du was, Markus? Wir wollen etwas ausmachen, etwas, das uns tagtäglich recht eng miteinander verbindet. Jeden Morgen kommt um sieben Uhr nach den Nachrichten ein Spruch. Den wollen wir uns immer anhören und dabei recht innig aneinander denken. Geht das, Markus?"

„Um sieben Uhr? Da sitzen wir bei der Morgensuppe. Ja, das geht schon, Heidi."

Ganz glücklich schob sie ihre Hand tiefer in die seine.

„Du wirst sehen, Markus, wie schön das ist. Und daß ich nicht vergesse – hier, ich hab dir was zu schenken." Sie zog aus einem Täschchen ein schmales Kettchen mit einem goldenen Herzen als Anhänger. Das Herz konnte man öffnen, und darin verbarg sich eine blonde Locke. „Das sollst du immer tragen, Markus. Dein ganzes Leben lang. Dann wirst du auch immer an mich denken."

Sie hängte es ihm um den Hals. Da lag es nun, ein großer, goldener Tropfen auf seiner braunen Haut. Nie in seinem Leben hatte er Schmuck getragen, und eine leichte Schamröte flog über sein Gesicht. Verlegen schloß er das Hemd am Hals, daß man es nicht mehr sehen sollte. Aber groß und tief war die Freude über dieses Geschenk. Mit beiden Armen umschloß er sie.

„Ach, Heidi, was soll denn aus uns beiden bloß noch werden?

Sie zärtelte über seine Stirn hin. „Keine Probleme wälzen jetzt, Markus. Seien wir froh, daß das Schicksal uns diese Stunde schenkt."

Und sie nahmen nicht nur diese Stunde, sondern den ganzen Nachmittag wie ein Geschenk des

Himmels hin. Einmal sahen sie Hubert mit seinem Wagen auf der abseits liegenden Straße nach St. Margarethen fahren, und dann erschraken sie und lösten sich rasch voneinander, als durch den Park langgezogen wie ein klagender Laut der Gräfin Mechthilds Stimme kam:

„Aaadel – heid – – –"

Die Stimme kam immer näher, und es war nun kein Zweifel mehr, daß die Gräfin ihren Weg zum Pavillon nahm.

Mit einem Sprung war Markus drunten, watete wieder durch die Roschach und verschwand im Ufergebüsch.

Es war auch höchste Zeit, denn schon war der Schritt der Gräfin auf dem Steig zu hören, und gleich darauf betrat sie den Pavillon.

Karola-Adelheid lehnte gelangweilt an einer Säule und schaute nach St. Margarethen hinunter.

„Hier bist du also, mein Kind", sagte die Gräfin und atmete erleichtert auf. „Ich suchte dich überall. Aber hier vermutete ich dich am allerwenigsten. Ich weiß nicht, ob es gut ist für dich, mein Kind, dieser Hang zur Einsamkeit."

Wenn du wüßtest, dachte Karola-Adelheid. Aber sie sagte: „O doch, Mama, ich bin sehr gern allein."

„Ja, aber zuviel allein ist auch nichts. Komm jetzt, mein Kind. Begleite mich nach St. Margarethen, wir wollen im Ratskeller zu Abend essen und dann mit Hubert heimfahren."

Die Mutter hätte jetzt ein weit unbilligeres Verlangen stellen können, Karola-Adelheid wäre allem willig gefolgt, denn die Stunden des Nachmittags hatten ihr Inneres mit soviel Licht gefüllt, daß auch der Gang nach St. Margarethen und die Einkehr im Ratskeller schön sein konnten.

Ein goldschönes Glänzen lag über den Wiesen. Sie gingen den Fußweg neben dem rauschenden Kupferbach. Der Fußweg aber war manchmal recht schmal, so daß sie hintereinandergehen mußten.

Dieses Wandern wäre schön gewesen, wenn die Gräfin den abendlichen Frieden nicht zerredet hätte. Karola-Adelheid wußte nur, daß die Mutter eine lebhafte Korrespondenz mit der Baronin von Altstetten pflegte, und wenn sie einen der letzten Briefe hätte lesen können, so hätte sie gewußt, warum die Mutter so überschwenglich gütig tat, denn die Baronin schrieb:

„Es ist meines Dafürhaltens das beste, in so einem Falle nur Güte walten zu lassen. Mit Strenge werden junge Menschen nur noch verbohrter. Das Kind muß Vertrauen haben zu Dir, es muß wissen, daß es ein offenes Herz bei Dir findet. Nur mit Güte kannst Du ihm helfen, über den Irrtum wegzukommen ..."

Das tat die Gräfin eben jetzt wieder auf dem Weg nach St. Margarethen. Aber sie tat es auf eine etwas übertriebene Weise, sie erwähnte zu oft das Wort „Güte", und Karola-Adelheid hatte dabei das Empfinden, besser wäre es, die Güte in einer Stunde, wo sie sie wirklich gebraucht hätte, gezeigt zu haben.

Da kamen aber zum Glück schon die ersten Häuser von St. Margarethen. Die Leute, die auf den

Hausbänken saßen, grüßten ehrfurchtsvoll die beiden, die den holprigen Marktplatz überquerten, an dessen Südende neben dem Torbogen der Ratskeller lag.

Dann stieg aus einer Nacht, in der nur wenig Sterne geleuchtet hatten, ein Morgen – ein wahrhaft seltsamer Morgen herauf: Ein flammend schönes Morgenrot am östlichen Himmel, in das schneeweiße Lämmerwölkchen hineinzogen, eine silberne, verlassene Mondsichel stand wie ein Milchglasscherben am hohen Horizont, und der Wind ging weinerlich vom Baum zum Strauch und vom Strauch zum Busch.

In dieser frühen Morgenstunde standen die Tofiller auf der hohen Mahd. Das Grummet war hier kurz und dünn und bedurfte einer guten Sensenschneid, wenn man hier eine halbwegs brauchbare Mahd zusammenbringen wollte. Des Tofillers Sense, der vorausmähte, schnitt wie Gift, auch die Sensen der Buben. Martha und Notburga bildeten den Schluß der Mähgruppe. Sie hatten Mühe, den Anschluß nicht zu verlieren. Wenn der Tofiller von der Mahd zurückging, um eine neue zu beginnen, blieb er manchmal bei den Mädchen stehen und wetzte ihre Sensen, denn so wie er brachten sie es doch nicht fertig.

So gegen halb sieben Uhr kam Christian den Berg herauf. In der einen Hand trug er eine Kanne mit heißer Milch, im Rucksack fünf Tassen und einen Brotwecken. Er brachte die Morgensuppe, legte alles in den Schatten einer Haselnußstaude, denn er mußte ja zur Schule.

Wenig später saßen sie dann auf der Wiese, tranken die dampfende Milch und bissen herzhaft in das rauhe Brot.

„Ich glaube", sagte der Tofiller und wischte sich mit dem Handrücken die Mundwinkel ab – „wir müssen jetzt aufhören, denn ich hab keine Lust in den Regen hineinzumähen. Das Morgenrot will mir nicht gefallen."

„Aber über uns ist der Himmel ganz klar", meinte die Martha und sah dann wieder hinunter nach St. Margarethen. Ihre Augen suchten die Sägemühle und – fanden sie. Die Frühglocken läuteten, aber man hörte ihren Hall nur ganz schwach. Ein Zeichen, daß das Wetter bald umschlagen würde. Der Wind wehte auch föhnig von den Bergen her.

„Bevor es Nacht wird, kommt Regen", prophezeite der Tofiller und warf einen Blick zu Markus, der wie geistesabwesend dasaß und unverwandt auf das Schloß hinuntersah. „He, Markus, träumst schon wieder? Bevor es Nacht wird, kommt Regen, hab ich gesagt. Was meinst du?"

„Aber nach jedem Regen scheint wieder die Sonne", antwortete Markus. Er hatte gerade Karola-Adelheid aus dem Gutshof reiten sehen. Also hatte man ihr endlich mehr Freiheit gegeben, wenn sie ausreiten durfte. Ein Trost war ihm das, denn er dachte an die Eisenstäbe vor ihrem Fenster. Er griff mit der Hand unter sein Hemd und fühlte das goldene Medaillon.

Das Morgenrot war nun blasser geworden, verschwand dann ganz, und die Sonne stand nun in einem nahezu wolkenlosen Himmel. In der Ferne sah man die weißen Mauern von Maria Gnaden hell leuchten. Die Schwalben stiegen wieder höher, und der Thymian duftete schwer. Es sah so aus, als hätte das Morgenrot einen Wetterumbruch nur vorgegaukelt, und so beschloß der Tofiller, weiterzumähen.

Es wurde drückend heiß. Unbarmherzig brannte die Sonne auf Mensch und Tier nieder. Kein Lüftchen kühlte den Tag. Am Nachmittag war auch die Tofillerin mit draußen auf den Wiesen, ja, selbst der kleine Christian mußte einen Rechen nehmen und helfen.

Und dann war auf einmal über der Wundspitze eine rabenschwarze Wolke, aus deren Flanke ein greller Blitz zuckte, dem kein Donner folgte.

Der Tofiller sah erschrocken auf, legte seinen Rechen weg und befahl: „Die Rinder in den Stall."

Sie alle halfen, trieben das Vieh von der oberen Weide hinunter zum Hof in den schützenden Stall.

Es war keinen Augenblick zu früh. Der Wind war erwacht, und in dichtgehäuften Massen, drohend in Farbe und Form, schoben sich ungeheure Wolken wie stumm geduckte Tiere über die Wundspitze her. Einmal ging ein erschütternder Donnerschlag über den Tofill hin. Und gleich hinterher brach es los.

Es begann nicht zu regnen, nein, es ging sofort ein wilder Wolkenbruch nieder, gepeitscht von einem Sturm, der so laut und dröhnend war, daß er jeden Donner erstickte.

Und über St. Margarethen schien noch die Sonne. Die Sommerfrischler spazierten noch in den Anlagen neben dem Kupferbach, nicht ahnend, daß dieses harmlose Wasser schnell ein reißender Strom würde.

Kaum zehn Minuten dauerte es, da traten die Roschach und der Kupferbach über die Ufer. Der Kupferbach war zwar entfernt vom Tofill, aber die Roschach überspülte schon nach kurzer Zeit das Hofgeviert. Das Wasser wurde grau und trüb, es führte die ersten Holzstücke mit und Steinbrocken. Dann wurden es Meterscheite und schwere Felsbrocken.

„Die Weiber zurück ins Haus“, schrie der Tofiller. „Und die Buben zu mir.“

Sie griffen sich im Schuppen Haken und Pickel und eilten aufwärts, dorthin, wo die Roschach sich staute. Knietief wateten sie in dem reißenden Wasser zur gefährdeten Stelle.

Unaufhaltsam rauschte der Regen nieder. Der Himmel schien aufgebrochen zu sein. Überall fingen die Wetterglocken zu läuten an.

Wenn sie den Stau nicht lockern konnten, dann gnade Gott dem Tofill.

Grau im Gesicht blickte der Tofiller zu Markus. Dann sah er den Christian. Er war so klein und so blond, und die Brechstange, die er in seinen Händen hielt, schien viel schwerer als er.

„Was willst denn du da?“ schrie der Tofiller in das Brausen der Elemente.

„Der Vater hat gesagt, die Buben zu mir", antwortete Christian. „Bin ich nicht dein Bub?"

Blitzschnell griff des Tofillers Hand nach des Buben Schulter und zog ihn zurück, gerade noch, bevor ein wild daherstürzender Baumstamm ihn mitgerissen hätte.

Unterdessen war man auch von den Nachbarhöfen herbeigeeilt. Aber gegen diese entfesselten Gewalten war nicht viel auszurichten. Die Mur war losgebrochen und schob sich wie eine Walze hernieder. Die große Mahd, auf der sie am Morgen noch gemäht und vor einer Stunde noch geheut hatten, war schon vermurt.

Viele Hände waren es nun, die zugriffen. Aber sie konnten den Stau nicht lösen, er wurde immer höher. Das Wasser sprang über ihn weg, trug Holz und Steine mit sich und auch einmal ein Kälbchen mit bimmelnder Schelle.

Christian sah es zuerst und sprang in das reißende Wasser.

„Christian!" schrie der Tofiller.

Doch Christian hörte ihn nicht. Seine Händchen hatten sich schon in den Halsriemen des Tieres gekrallt, ja, es schien einen Augenblick so, als würde es ihm gelingen, es ans rettende Ufer zu zerren. Da traf ein schweres Holzstück ihn mitten auf die Stirn. Seine Hände ließen das Tier los, die Wasser rissen ihn fort, rissen ihn hinunter nach dem Hof. Da lag er dann leblos, mit blutender Stirn neben der Haustür, umspült von den Wassern, die bereits ins Haus und in den Stall drangen.

Der Tofiller stand eine Weile mit aschfahlem Gesicht. Aus dem einen Auge rannen ihm Tränen, aber das konnte niemand sehen, denn der Regen überströmte sein Gesicht wie auch die anderen.

„Wir müssen den Stau brechen", brüllte er dann. Die Gefahr wuchs jetzt mit jedem Augenblick; denn brach der Stau zu spät, so stürzte die Flut hemmungslos nieder und zerstörte vielleicht ganz Tofill.

Mit doppelter Kraft begannen die Männer zu arbeiten, teils bis an der Brust schon im Wasser stehend. Endlich gab der Stau nach.

„Zurück ..." brüllte der Tofiller noch, und schon wälzte die Mur sich über den Hang hinunter, knapp am Tofill vorbei. Sie riß das Bienenhaus mit und den abseits stehenden Backofen und wälzte sich weiter auf Schloß Jenna-Zinntal zu.

Für Tofill selber war fürs erste die Gefahr gebannt, wenn auch die Tiere im Stall schon knietief im Wasser standen. Hätte man sie nicht rechtzeitig von der Weide hereingebracht, wäre nicht ein einziges Stück übriggeblieben.

Als der Tofiller als erster beim Hof ankam, immer noch in der leisen Hoffnung, daß es Christian vielleicht doch gelungen sein könne, sich aus den Wassern zu retten, sah er den blonden Schopf des Buben in dem Wasser liegen, das zur Haustüre hineinfloß und schon den Flur überspült hatte. Die Tofillerin und die beiden Mädels waren bereits in das obere Stockwerk geflüchtet.

Mit zitternden Händen zog er sein totes Büblein heraus, nahm es auf die Arme und trug es die Stiege hinauf.

Die Frauen schrien auf.

Ja, für den Tofill schien die Gefahr gebannt zu sein. Aber am Schloßgut, da mußte es wild zugehen, denn dort stießen ja die beiden Wildwasser, die Roschach und der Kupferbach, zusammen. Der Kupferbach war nicht weniger wild als die Roschach und hatte im Park schon einige Bäume entwurzelt und in den Gutsgebäuden erheblichen Schaden angerichtet. Das Schlimmste aber an allem war, daß Komtesse Karola-Adelheid im Pavillon gefangensaß und niemand helfen konnte.

Karola-Adelheid stand auf der Brüstung und hielt die eine Säule krampfhaft umklammert.

„Hilfe ...! Hilfe ...!“ schrie sie immer wieder. Aber wer konnte es wagen, in die reißende Roschach zu springen, die die schwersten Felsblöcke mit sich führte, ja sogar Baumstämme?

Graf Arno stand mit verbissenem Gesicht im strömenden Regen, um ihn her alle Gutsleute. Traf einer von den dicken Baumstämmen den Pavillon mit der Breitseite, mußte er ihn unweigerlich fortreißen.

„Kann denn niemand helfen?“ klang schrill die Stimme Gräfin Mechthilds. Sie rang die Hände. Ihre gehetzten Augen fielen auf den Förster. „Frankenegg, helfen doch Sie! Gibt es denn keine Männer mehr, die unter Einsatz ihres Lebens ...“

„Es ist sinnlos“, schrie Graf Arno zurück, denn Hubert hatte sich vorhin schon in das reißende Wasser gestürzt, ohne den Pavillon zu erreichen; er war abgetrieben worden und stand nun mit verletztem Arm unter den Leuten.

Die Weiber ringsum fingen zu beten an, denn hier konnte nur mehr ein Wunder helfen.

Graf Arno trat an einen seiner Jungknechte heran, der als verwegener Raufer bekannt war.

„Karl, versuch es du.“

Erschrocken starrte der Bursche ihn an.

„Herr Graf, das wär Selbstmord.“

Müde ließ Graf Arno den Kopf sinken.

„Ja, du hast recht, es wäre Selbstmord.“

Das war die Situation, als die Tofiller ankamen. Gräfin Mechthild vergaß alle Vorsicht, trat aus dem schützenden Schirm heraus auf Markus zu.

„Jetzt beweisen Sie, ob es Ihnen jemals ernst gewesen ist.“

„Markus!“ kam über das Toben des Wassers her Karola-Adelheids Stimme.

Markus winkte ihr zu. Dann sah er seinen Vater an, der mit gefurchter Stirn dastand, das Gesicht in schmerzlichem Gram verzerrt. Dann sah der Bauer die Gräfin an, und dann den Grafen.

„Das Wasser hat mir meinen Jüngsten schon genommen. Wissen Sie, was das heißt, Frau Gräfin, ein Kind zu verlieren?“

„Das ist ja furchtbar“, sagte Graf Arno und faßte nach des Tofillers Hand. „Ich kann es Ihnen nachfühlen, Tofiller. Aber wer kann sagen, daß ich nicht in den nächsten Minuten schon das gleiche Los mit Ihnen teile?“

Die Lage war trostlos. Die Bäume bogen sich im Sturm, das Wasser brüllte, als wolle es seine ganze Wut über die Menschheit losschreien. Soeben schlug wieder ein Baumstamm gegen den Pavillon, brach ein tiefes Loch in den Zementsockel. Mit einem donnernden Geknatter wurde das Kupferdach fortgerissen, so daß die Wasser jetzt auch von oben her auf Karola-Adelheid niederströmten.

Da trat Markus vor seinen Vater hin.

„Vater – ich muß es tun.“

Aus grauem Gesicht schaute der Tofiller in Markus' Augen.

„Es wird dein Tod sein, Bub.“

„Dann nicht meiner allein, Vater. Dann wird es uns alle beide hinunterreißen, mich und – die Heidi.“

„Markus ...“, wimmerte Adelheids Stimme wieder hilfeflehend.

Eine dicke Ulme neigte sich schon verdächtig. Bei jedem Sturmanprall ächzte es von den Wurzeln bis zur Krone. Stürzte sie vollends, war es unweigerlich der Untergang des Pavillons und damit auch der Karola-Adelheids.

„Vater“, flehte Markus, „siehst du es denn nicht, daß ich es tun muß? Bitte, nimm das Seil, zu dir habe ich Vertrauen.“

„Gut“, nickte der Tofiller, sein eigenes Leid vergessend. Er erkannte die Gefahr, die ihm vielleicht auch diesen Sohn noch nahm. Aber stand nicht da drüben, kaum zwanzig Schritte entfernt, ein armes Menschenkind, das sich vielleicht mit letzter Kraft an die Betonsäule klammerte, bis weit über die Knie schon vom Wasser umspült?

Markus hatte sich das Seil um die Brust gebunden und gab dem Vater das andere Ende.

„In Gottes Namen", sagte der Tofiller und suchte nach einem festen Stand. Er stemmte die Füße in den Schlamm und wickelte das Ende des Seiles um seine Faust.

Mit schmalen Augen suchte Markus seine Chance in den reißenden Wassern. Da kam ein Baumstamm dahergeschossen. Blitzschnell duckte er sich unter ihm weg. Bis zum Hals reichte ihm jetzt die Flut. Alle Kräfte mußte er aufbieten, und hätte der Tofiller das Seil nicht so eisern in seiner Faust gehalten, es hätte ihn fortgerissen. Er sah gerade noch den Holzblock, der auf ihn zuschoß. An ihn klammerte er sich und ließ sich hintreiben zum Pavillon. Mit einem harten Schlag schlug der Klotz gegen die Brüstung. Markus aber bekam sie zu fassen, spürte dann festen Boden unter sich und watete vorwärts.

Im nächsten Augenblick flog ihm Karola-Adelheid lachend und weinend vor Freude um den Hals. Sie vergaß, daß draußen Hunderte von Menschen standen, die alle sehen konnten, wie sie sich umklammert hielten wie in Todesnot und sich küßten.

„Ach, Markus, daß du nur da bist! Werden wir lebend hier wegkommen?"

„Wir müssen es versuchen, Heidi." Er spähte bereits nach einem Ausweg und glaubte, ihn auf der anderen Seite zu finden. „Du mußt mir nur vertrauen, Heidi."

„Ja, Markus. Und wenn es sein muß, dann sterben wir zusammen. Einer allein soll nicht übrigbleiben."

In diesem Augenblick krachte es. Die schon halb entwurzelte Ulme neigte sich drohend. Die Menschen am Ufer schrien auf, als sie sahen, wie Markus das Mädchen auf seine Schultern nahm und vom Betonsockel mit einem mächtigen Satz hinaussprang in die schlammigen Fluten, nachdem er das Seil gelöst hatte.

Es war keine Minute zu früh. Die Ulme drückte den Pavillon vollends zusammen, riß ihn mit fort, und es sah so aus, als wären die beiden darunter begraben worden.

Ja, sie schienen verloren zu sein – aber dann ging ein Aufatmen durch die Menge: Kein Mensch konnte es fassen, als Markus Tofiller weit drunten das rettende Ufer erklomm, die Komtesse Karola-Adelheid in seinen Armen haltend. Ihr blondes Haar war von Schlamm und Schmutz beinahe schwarz geworden. Erschöpft ließen sie sich niederfallen. Sie spürten den Regen kaum, der auf sie niederrauschte. Markus spürte auch den Schmerz kaum an seiner Schulter, wo ein Felsbrocken ihm eine klaffende Wunde beigebracht hatte.

Das alles kam ihm erst zum Bewußtsein, als er hernach in der Schloßhalle saß, vom Doktor eine Tetanusspritze bekam und verbunden wurde.

Karola-Adelheid aber hatte man bereits in warme Decken gehüllt und zu Bett gebracht.

Graf Arno trat auf ihn und seinen Vater zu und gab ihnen die Hand.

„Tofiller, ich werde es euch nie vergessen."

Auch die Gräfin hatte für diese Stunde allen Groll abgelegt. Wenn sie auch keine bewegten Worte des Dankes fand, so sprach sie doch davon, daß es eine heroische Tat gewesen sei, und sie werde sich überlegen, wie man sich dafür erkenntlich zeigen könne.

Der Tofiller hörte kaum hin. Jetzt, da dies vorüber war, packte ihn der Schmerz um seinen Jüngsten wieder, und es war ihm keine Erleichterung, als er erfuhr, daß die Mur zwölf weitere Todesopfer gefordert hatte, ehe es Abend wurde.

Auf dem Schloß wurde ihnen heißer Grog serviert, und Markus bekam Kleider, um sich umzuziehen. Die Gräfin war liebenswürdig zu ihm und bewahrte doch Abstand, und als sie wieder davon sprach, daß sie es ihm schon lohnen werde, leuchtete es in seinen Augen warm auf, weil er es so deutete, daß die Gräfin nun nichts mehr gegen seine Liebe zu Karola-Adelheid habe. Der Himmel hatte sie doch sichtbar füreinander bestimmt. Was sollte da der Mensch noch trennen?

Spät am Abend ließen Regen und Sturm nach. Aber die ganze Nacht polterte das Wildwasser noch dahin, und erst als es wieder tagte, wußte man, daß der Tod sein Stundenglas hatte sinken lassen, das er für viele Stunden hochgehoben hatte.

Das Ergebnis war freilich furchtbar. Dreiundzwanzig Menschenleben, über hundert Rinder und ein Sachschaden, der in die Millionen ging. Die Regierung sandte Truppen zu Aufräumungsarbeiten, linderte die Not, so gut es ging. Aber die Toten konnte auch sie nicht mehr lebendig machen.

Die Geschichte aber von der wunderbaren Rettung der Komtesse von Jenna-Zinntal durch den Tofillerbuben machte die Runde weit durch das Land.

Als man am dritten Tag den kleinen Christian in Wildflecken der Erde übergab, konnte der Friedhof die vielen Menschen nicht fassen. Am Grabe standen neben den schwergeprüften Eltern auch Graf Arno von Jenna-Zinntal, die Gräfin Mechthild und Karola-Adelheid. Und was die Augenzeugen vor drei Tagen schon sehen und mitfühlen konnten, hier bekamen sie es noch mal zu spüren: Karola-Adelheid stand neben Markus und hielt seine Hand. Sie weinte haltlos an seiner Schulter, als man den Sarg in die Grube senkte, und Gräfin Mechthild zog bei diesem Anblick hart die Brauen zusammen. Im Aufschauen über die trauernde Schar hin sah sie plötzlich auch den Förster Frankenegg stehen. Seine Augen sahen starr herüber, dann senkte er sie unter ihrem zwingenden Blick, der ihm zu sagen schien: Siehst du nicht, wie peinlich dies für mich ist? Ich habe dir einmal einen Auftrag erteilt, aber du hast ihn nicht erfüllt, sonst wäre mir diese Demütigung jetzt erspart geblieben.

Der Kranz, der vom Schloß Jenna-Zinntal gestiftet wurde, mochte wohl seine fünfzig Mark gekostet haben. Man sprach von diesem Kranz noch Tage hernach in den Bauernhäusern, genauso wie von der Haltung der jungen Komtesse, die sich am Grabe so offenkundig zu Markus bekannt habe.

Mit einem Kranz und mit der Teilnahme an der Beerdigung glaubte die Gräfin genügend Dank für die Errettung ihres eigenen Kindes abgestattet zu haben. Für drei Tage war die Schranke geöffnet gewesen, aber nun mußte sie wieder geschlossen werden. Sie drückte am Grabe den Tofillers noch die Hand, dann faßte sie Karola-Adelheid am Handgelenk und sagte:

„Komm, wir gehen jetzt."

Langsam leerte sich der Friedhof. Zuletzt verließen die Tofillers ihn und wanderten langsam bergwärts. Der Schmerz schien die Schultern der Tofillerin gesenkt zu haben. Der Bauer aber ging hocherhobenen Hauptes neben ihr. Das eine Auge schimmerte schieferbläulich im wäßrigen Glanz der Sonne, das andere aber sah über die vermurten Felder hin, über die der Tod gegangen war. Für dieses Jahr war es mit allem Ernten zu Ende, und er mußte wohl morgen schon darangehen, mit den Buben den geschändeten Wald aufzuarbeiten.

Die Roschach war zurückgegangen in ihr ursprüngliches Bett. An den Ufersträuchern hing der Schlamm noch dick und grau, und auf einmal entdeckte der Tofiller an einer Haselnußstaude eine hellbraune Lederjacke, die von der Sonne bereits getrocknet worden war. Er nahm sie an sich und trug sie heim. Man fand eine Brieftasche darinnen mit etwas Papiergeld und einem Personalausweis, der auf den Namen Michael Brunner lautete. Als Beruf war Schreiner angegeben, als Wohnort München. Geld und Papiere waren noch feucht, und der Tofiller legte sie aus zum Trocknen. Wenn er wieder einmal nach St. Margarethen kam, wollte er alles bei der Polizei abgeben. Wahrscheinlich handelte es sich um einen Touristen oder um einen Sommerfrischler, der vom Hochwasser überrascht worden war.

Für diesen Tag war Feierabend auf Tofill. Den Schlamm hatte man in diesen zwei Tagen bereits aus dem Hof gebracht, und den Stall, in dem er knietief gelegen war, notdürftig gesäubert. Jetzt erst, da wieder Ordnung und Stille eingekehrt waren, vermißten sie überall den kleinen Christian, dessen fröhliches Lachen so oft durch das Haus geklungen hatte.

Der Tofiller sollte den Schaden angeben, den die Wassersnot über seinen Hof gebracht hatte. Ja, das konnte er wohl. Schließlich war er als vorsorglicher Bauer nicht nur gegen Feuer, sondern auch gegen Hochwasser versichert. Man würde ihm so ziemlich alles ersetzen. Nur den Christian konnte ihm niemand wiedergeben.

In St. Margarethen läuteten alle Glocken. Dort war soeben die große Feierlichkeit für die anderen Toten zu Ende, darunter auch für den Schreiner Michael Brunner, der im Lamm gewohnt und an diesem Tag gerade eine Tour nach der Wundspitze unternommen hatte. Das Unwetter mußte ihn überrascht haben.

So weit der Tofiller sehen konnte, hatte das Hochwasser eine breite Gasse gebahnt, die sich grau und schlammig bis in den Marktplatz von St. Margarethen hineinzog. Am besten war vielleicht noch Schloß Jenna-Zinntal weggekommen durch seine günstige Lage. Nur der Pavillon war dahingegangen, und ein paar wurzelkranke Ulmen waren eine leichte Beute des Sturmes geworden.

Dafür hatte man um diese Stunde dort andere Sorgen, denn Gräfin Mechthild war nicht gewillt, ein Zugeständnis zu machen. Die Not war vorbei, Karola-Adelheid war gerettet, und es war schlimm genug, daß so viele Menschen gesehen hatten, wie die beiden sich umschlungen hielten und sich küßten. Weil nun Karola-Adelheid alles wunderbar überstanden und nicht einmal eine Erkältung davongetragen hatte, verlor Markus' heroische Tat an Bedeutung, wenigstens in der Gräfin Augen.

Graf Arno war tiefer davon berührt und wollte Markus Tofiller immer zu Dank verpflichtet bleiben. Er sagte das auch und wurde erst stutzig, als seine Frau ihn herausfordernd fragte, ob er vielleicht gewillt sei, ja und amen zu dem zu sagen, wovon die ganze Gegend jetzt spreche.

„Ich weiß nicht, wovon man spricht", antwortete er. Er wußte es wirklich nicht.

„Man spricht davon, daß du jetzt, nachdem dieser Bauernkerl unser Kind gerettet hat, gar nicht mehr nein sagen könntest zu dieser Liebschaft."

„Wer ist eigentlich ‚man'?" fragte er.

„Nun, die Leute eben, das Volk."

„Aha, das Volk. Volkes Stimme ist Gottes Stimme", meinte er. Und im Grunde genommen haben sie ja auch recht."

„Was? Also, ich verstehe dich nicht", klingelte Gräfin Mechthilds Stimme.

„Ich habe gesagt, recht nach ihrem Empfinden, nach ihrer Einstellung, eben nach ihrer Vorstellung. Im übrigen glaube ich nicht, daß es Sinn hat, wegen der kurzen Zeit noch großes Theater aufzuziehen. In vierzehn Tagen sind Heidis Ferien um. Sie geht dann fort, eine andere Welt umfängt sie wieder, andere Menschen sind um sie. Sie wird, wenn auch langsam, vergessen, daß es einen Traumsommer für sie gegeben hat."

„Traumsommer!" stöhnte die Gräfin. „Träume sehen anders aus, mein Lieber! Es ist freilich bequem, die Augen vor etwas zu verschließen, was man zwar selber nicht gerne sieht, und die Ordnung der fatalen Angelegenheit mir zu überlassen."

Graf Arno sah lange nachdenklich vor sich hin. Dann hob er die Augen.

„Mechthild, wir wollen doch gerecht sein. Der junge Tofiller hat unserer Heidi das Leben gerettet. Ohne ihn wären wir heute auch an einem Grab gestanden ..."

„Das streite ich nicht ab, und ich habe daran gedacht, ihn dafür zu belohnen. Ich denke, daß wir ihm einen Scheck über dreitausend Mark schikken."

Überrascht blickte der Graf auf.

„Ach so, mit Geld, meinst du. Ich weiß nicht, ob das die richtige Art eines Dankes ist. Immerhin, wenn du meinst, ich lasse dir hierin gerne freie Hand. Erhöhe meinetwegen die Summe ruhig auf viertausend. Nur habe ich Bedenken, wie sie es aufnehmen werden."

„Ach, immer deine Bedenken", empörte sich die Gräfin. „Immer diese rührselige Rücksichtnahme, wo sie gar nicht angebracht ist! Wie schlecht du doch die Menschen kennst! Für Geld sind alle käuflich. Aber überlaß das nur mir. Geh ruhig wieder auf Jagd, ich sehe dir ja an, wie es dir schon wieder kribbelt in den Fingerspitzen, weil du jetzt acht Tage nicht mehr in die Jagdhütte gekommen bist. Manchmal kommt es mir vor, als ob ich dir überhaupt nichts mehr bedeute."

Graf Arno kniff die Augen zusammen. Dann schloß er das Fenster. Das Rauschen der Fontäne verstummte. „Frag lieber, was du mir bedeutet hast, bis mir der Glaube an dich genommen wurde. Hast du vergessen, daß ich dir zuliebe auf meine geliebte Jagd verzichtete?"

„Komm doch nicht wieder mit den alten Geschichten", rief Gräfin Mechthild gereizt.

„Es gibt Geschichten, die werden nicht alt, auch wenn nie mehr darüber gesprochen wird. Ich gab damals meine Jagd auf und folgte dir von Bad zu Bad, weil du diese Atmosphäre zu deinem Leben brauchtest, wie du sagtest. Abgesehen davon, daß dieses Leben in den Kurorten zehnmal mehr kostete als meine Jagd mit allem Drum und Dran, machte ich diesen Rummel mit, bis in Cannes –"

Da unterbrach die Gräfin ihn, indem sie mit ihren schlanken Knöcheln in ungewohnter Heftigkeit auf den Tisch klopfte und ihre Worte hinausschrie:

„Es ist taktlos, wenn du nach so vielen Jahren die alten Geschichten aus der Vergessenheit herauswühlst."

„Reg dich nur nicht auf. Diese alten Geschichten haben mir immerhin den Glauben an deine Unfehlbarkeit geraubt. Und du mußt schon gestatten, daß ich gewisse Vergleiche anstelle und mich frage, woher Karola-Adelheid ..."

„Dieser Vergleich hinkt jämmerlich. Mischa war immerhin von altem Adel und ..."

„Du warst immerhin mit mir verheiratet", unterbrach er sie kalt. „Adel, Adel" fuhr er grimmig fort. „Muß ich dir sagen, was dein Mischa war? Ich habe nachgeforscht. Ein ganz gewöhnlicher Kosakenfeldwebel war er, ein Abenteurer, allerdings einer von Format."

Kreidebleich wich die Gräfin zurück. Ihre Stimme hatte alle Sicherheit verloren.

„Warum sagst du das erst jetzt?"

„Weil ich nie Veranlassung hatte, dir zu sagen, wie schlecht deine Menschenkenntnis ist. Aber um nochmals auf dein Steckenpferd, den Adel, zurückzukommen. Es gibt auch einen Adel, der in keinem Gotha steht – den Bauernadel nämlich. Ich muß dir das sagen, weil du Heidis erste Jugendliebe immer als Verbrechen hinstellst. Die Zeit wird alles glätten, wenn Heidi erst wieder fort ist. Wenn die beiden sich treffen wollen, wirst du es nicht hindern können, und ich auch nicht, es sei denn, du sperrst sie in ein Zimmer und setzt dich wie ein Leibgrenadier vor die Tür. So – damit kennst du jetzt meinen Standpunkt."

„Ja, jetzt kenne ich ihn", antwortete Gräfin Mechthild niedergeschlagen. „Nur eine Frage noch. Was die Leute reden, kümmert dich nicht?"

„Nein. Sie hören auch wieder auf."

Graf Arno ging jetzt hinaus und zog sich um. Zehn Minuten später verließ er schon das Schloß. Gräfin Mechthild sah ihm vom Fenster aus nach. Oh, wie sie seine Aufmachung haßte! Wie ein Bauer ging er dahin in seiner abgeschabten Lederhose und dem speckigen Filzhütl. Das einzige Glänzende an ihm waren die Büchsenläufe, die hinter seinem Rücken aufragten und in der Sonne funkelten.

Dem Manne war frei und leicht zumute, als er so bergwärts schritt, seine Augen umschatteten sich erst in Sorge, als er die furchtbaren Schäden der Mur sah, und er dachte, daß es wohl vernünftig sei, dem Tofiller einige Fuder Grummet hinaufzuschicken, weil er auf dieser Hangwiese heuer und auch vielleicht im nächsten Jahr nichts ernten konnte. Der Tofiller würde wahrscheinlich gezwungen sein, ein Drittel seines Viehbestandes abzugeben, weil ihm das Futter nicht reichte. Zu dumm, daß ihm das jetzt erst alles einfiel. Das wäre wirkliche Hilfe und könnte den Tofiller nicht vor den Kopf stoßen wie etwa Geld.

Er stieg nun über den vermurten Hang, wo er die Tofillers werken sah. Sie waren mit ihren Gespannen da, Markus und Martin, Notburga und die Martha. Sie luden den Schlamm und das Geröll mühsam auf Wagen, und es würden auf diese Weise wohl an die zweitausend Fuhren werden, die sie in einer Mulde abluden.

Graf Arno schob sein Hütl aus der Stirne.

„Morgen beisammen!"

„Guten Morgen, Herr Graf", antworteten die Tofillerkinder.

„Der Tofiller ist wohl nicht da?"

„Der Vater ist daheim", antwortete Markus und blickte dem Grafen offen in die Augen. Der besah sich den Schaden wieder und schüttelte den Kopf.

„Diese Verwüstungen sind furchtbar", sagte er. „Hör mal zu, Markus. Auf diese Weise werdet ihr die Wiese in drei Jahren noch nicht sauberbringen. Ich werde zusehen, ob nicht die Pioniere mit Planierraupen eingesetzt werden können. Und – was ich noch sagen wollte – holt euch zwei bis drei große Fuder Grummet unten im Schloß."

„Ich werde es dem Vater sagen, Herr Graf."

„Ja, sag es ihm. Und auch die Kartoffeln sind vermurt bei euch, habe ich gesehen. Holt auf dem Gutshof, was ihr braucht."

„Es soll aber nicht so aussehen, Herr Graf, daß es ein Dank sein soll, weil ich die Heidi …"

„Dummkopf", unterbrach der Graf den Markus, „Nachbarschaftshilfe ist es, weiter nichts."

Er tippte wieder an seinen Hutrand, stieg nun

mit raschen Schritten den Hang hinauf und verschwand im Wald. Daß ihm das aber auch nicht früher eingefallen war! Umkehren wollte er nicht mehr, aber er würde morgen den Jäger Simon mit einem Bescheid zum Schloß herunterschicken.

Aber da würde alles schon zu spät sein, denn die Gräfin Mechthild saß bereits über einem Brief an den Tofiller, der vielleicht weniger hart ausgefallen wäre, wenn sie mit ihrem Mann diese peinliche Unterredung nicht gehabt hätte. Ihr ganzer Zorn richtete sich gegen die Tofillers. Von dorther war alles gekommen. Sie waren an allem schuld. Der Zorn verwandelte sich in glühenden Haß, so daß eben Haß es war, der ihr die Zeilen diktierte, und nicht mehr das Empfinden, sich für das Leben ihrer Tochter erkenntlich zeigen zu wollen.

Der Tofiller trat gerade sonntäglich bekleidet aus dem Haus, als er jemanden den Steilhang heraufkommen sah. Er kniff die Augen zusammen, dann pfiff er leise durch die Zähne.

Der Förster Frankenegg! Gestern hatte er einen Hasen geschossen, vom Stubenfenster aus, und jetzt kam der Schnüffler bereits.

Der Tofiller wandte den Kopf über die Schulter und rief in den Flur hinein:

„Margret, tu den Hasen aus der Bratröhre und versteck ihn im Stall."

Dann zündete er sich die kurze Pfeife an und sah zu den Schwalben auf, die sich schon für ihren großen Zug nach Süden sammelten.

Mittlerweile war der Förster nähergekommen. Er trug kein Gewehr bei sich und hatte auch keinen Hut auf, so daß der Tofiller sich den Besuch nicht recht deuten konnte. Er ging ihm aber auch keinen Schritt entgegen, war nur ein klein wenig ungehalten, denn er hatte nach St. Margarethen wollen, um Hilfe anzufordern, daß man ihm seine vermurten Wiesen säubern helfe. Auf zehn Schrittlänge ließ er ihn herankommen, dann rief er ihn an:

„Herr Förster, was verschafft mir die Ehr?"

Frankenegg stand nun vor ihm, atmete schwer vom steilen Weg und wischte sich den Schweiß von der Stirn. Dann langte er in seine Joppentasche und zog einen Briefumschlag heraus.

„Das soll ich Ihnen von der Frau Gräfin übergeben."

Der Tofiller runzelte die Brauen. Er hatte das untrügliche Gefühl, daß von dieser Frau nichts Gutes kommen könne. Unsicher griff er nach dem Kuvert.

„Sollen Sie auf Antwort warten?"

Frankenegg schüttelte stumm den Kopf, dann zog er schnuppernd die Nase auf.

„Da riecht es aber gut bei euch! Es schmeckt nach Wild? Rehbraten?"

Den Tofiller reizte es plötzlich, dem Schnüffler zu zeigen, daß er keinerlei Respekt oder gar Angst vor ihm hatte.

„Danebengeraten, Förster. Hasenbraten gibt's heute bei uns."

Über die hellen Brauen Frankeneggs zuckte es ganz kurz hin. „Ich nehme an, einen Stallhasen?"

Der Tofiller hatte den Brief betrachtet und in den Händen gedreht. Jetzt hob er den Kopf und sah den anderen mit spöttischem Lächeln an.

„So dumm müßt ich sein, wenn mir's Wild vor der Haustür vorbeispaziert. Mit dem Stecken hab ich den Hasen erschlagen, daß Sie es wissen."

„Tofiller, ich warne Sie."

Erstaunt blickte der Bauer auf.

„Wer? Sie? Sie warnen mich? Gut, ich nehme das zur Kenntnis. Jetzt weiß ich wenigstens, wie ich daran bin."

„Merken Sie sich das nur. Mir scheint, daß meine Vorgänger immer beide und nicht nur ein Auge zugedrückt haben. Ich werde aber alle beide Augen offenhalten, und darum warne ich Sie."

Der Tofiller schwieg eine Weile. Sein Kinn war trotzig vorgeschoben. Dann nickte er:

„Ich werd's mir merken. Bloß eins sag ich Ihnen – Sie sollen nicht denken, daß Sie mir Angst einjagen können. Dazu sind Sie nicht der geeignete Mann."

Jäh drehte er sich um und ging ins Haus. Frankenegg aber stand noch eine Weile mit aschfahlem Gesicht. Seine Fäuste waren geballt, und seine Gedanken sammelten sich willensstark auf den einen Punkt hin, diesen hochmütigen Bauern in die Knie zu zwingen. Er sah mißtrauisch in alle Winkel des Hofes, und da das Schuppentor offenstand, ging er auch da hinein. Aber es war nichts Verdächtiges zu sehen, keine Rehhaut, nicht einmal der Balg eines Hasen, einfach nichts, das er mitnehmen hätte können, um es dem Grafen zu zeigen, der diesem Tofiller so bereitwillig durch die Finger sah.

Mißmutig machte er sich wieder auf den Rückweg nach Jenna-Zinntal und nahm seine unterbrochene Schreibarbeit in der Kanzlei wieder auf.

Währenddessen las der Tofiller den Brief der Gräfin zum zweiten Mal, so als müsse er sich jedes einzelne Wort genau einprägen, das die Gräfin ihm da geschrieben hatte.

„Sehr geehrter Herr Tofiller! Es ist mir ein Bedürfnis, Ihnen meinen Dank zu zeigen, aber ich möchte nicht, daß Ihr Sohn sich jetzt zu Erwartungen berechtigt glaubt, die sich unter gar keinen Umständen erfüllen können. Weder jetzt noch später. Es wäre vermessen von ihm zu glauben, daß er durch seine Unerschrockenheit und sein tapferes Verhalten jetzt gewisse Anrechte auf die Komtesse Karola-Adelheid habe. In Ihrem eigenen Interesse möchte ich Sie, Herr Tofiller, ersuchen, Ihrem Sohn die Aussichtslosigkeit solchen Denkens vor Augen zu stellen. In Anbetracht seiner Haltung und im Hinblick auf die Tatsache, daß er meiner Tochter wirklich Hilfe brachte in einer aussichtslosen Lage, möchte ich beigefügten Scheck über 4000 Mark als Anerkennung betrachtet wissen und knüpfe nur die eine Hoffnung daran, daß er von jetzt an nicht mehr den Weg der Komtesse Karola-Adelheid kreuzt. In Hochachtung, Gräfin Mechthild von Jenna-Zinntal.

Nun wußte er jeden Satz auswendig. Es war ihm, als sei ihm jedes Wort eingehämmert worden. Sein

Gesicht, zuerst aschgrau, wurde jetzt dunkelrot vor Zorn.

„Mutter!“ schrie er wie von Sinnen. „Margret! Komm rein, schau dir das an!“

Die Tofillerin erschrak, als sie in der Küche die bellende Stimme vernahm. Die Hände an der Schürze abtrocknend, betrat sie die Stube.

„Was ist denn los, daß du so schreist?“ Unwillkürlich griff ihre Hand nach dem Herzen, denn sie konnte sich nicht erinnern, ihn jemals so zornig gesehen zu haben.

„Da – da – da!“ schrie er. „Schau dir das an. Geld schicken sie ihm, aber sonst soll er gefälligst einen weiten Bogen um das Schloß machen! Viertausend Mark! Was bildet sich denn diese hochnäsige Gräfin eigentlich ein? Glaubt denn die, daß ein Tofiller sich mit Geld abfinden läßt?“ Er griff wieder nach dem Brief. „Und knüpfe nur die Hoffnung daran, daß Ihr Sohn von jetzt an nicht mehr den Weg der Komtesse Karola-Adelheid kreuzt“, las er laut vor und warf das Papier wieder fort, als hätte er sich die Finger daran verbrannt. „Der Mohr hat seine Schuldigkeit getan, jawohl, jetzt kann er sich in ein Mausloch verkriechen, oder kann sich für viertausend Mark einen Rausch ansaufen, aus dem er nimmer aufwacht, oder von dem er so blöd wird, daß er in ein Narrenhaus muß. Na, die hat sich aber getäuscht! Der werde ich jetzt die Leviten lesen!“

„Nein, nein! Bitt dich gar schön, Urban! Tu es nicht. Schlaf eine Nacht darüber, dann denkst vielleicht anders.“

Fast mitleidig sah er sie an und schüttelte den Kopf.

„Und wenn ich zehn Nächte darüber schlafe, Margret, es wird nicht anders. Ein Tofiller läßt sich nicht zahlen für etwas, was nur Pflichterfüllung ist, ein Tofiller verkauft aber auch seine Gefühle nicht. Das muß ich den Herrschaften einmal klarmachen. Und zwar jetzt gleich. Halt mich nicht auf, Margret, es hat keinen Zweck."

Da wußte sie, daß sie ihn nicht halten konnte, und ließ ihn schweren Herzens gehen.

Die Gräfin Mechthild war gerade fertig mit Ankleiden, stand in jugendlicher Schlankheit vor dem Spiegel und prüfte, ob sie gut genug aussehe für eine Einkaufsfahrt nach St. Margarethen. Vor dem Portal wartete bereits der Gärtner Adolf, der wieder die Rolle eines Kutschers übernommen hatte, mit dem offenen Landauer, vor den zwei Schimmel gespannt waren, die ungeduldig im Kies scharrten.

Man hatte zwar auch ein Auto, und Hubert hätte sie ohne weiteres nach St. Margarethen gefahren. Aber im Auto kam man zu schnell durch das Städtchen und wurde nicht gesehen. Gräfin Mechthild wollte jedoch gesehen werden, und darum fuhr sie lieber in der offenen Kutsche. Es war so schön, den Sonnenschirm offen zu halten und durch das Mittlere Tor zu fahren, über den Stadtplatz hin, wo sie zunächst vor dem Kaufhaus Mägerle halten lassen wollte. Sie brauchte zwar bloß ein paar Spitzen, aber das Kaufhaus Mägerle war der Punkt, wo man alle Welt traf. Hier konnte man so beiläufig ein Wörtlein fallen lassen von den viertausend Mark, die man dem jungen Tofiller für seine Bemühungen geschenkt hatte. Von dieser Zentrale aus würde es dann schon weitergetragen.

Da hörte sie das Rauschen der Flügeltüren, dann einen schweren, klappernden Schritt, und schon wurde die zweite Flügeltür unwirsch aufgestoßen. Der Tofiller stand auf der Schwelle. Hinter ihm schlugen die Flügel zu, als hätte ein Wind sie zugeweht.

„Tofiller, Sie?"

„Ja, ich!"

„Wie kommen Sie überhaupt herein, ohne Anmeldung?"

„Ach was, ich brauche keine Anmeldung! Bei mir oben ist es auch nicht Brauch, daß man sich anmeldet. Da geht man hinein und ist herzlich willkommen."

„Herzlich willkommen", sagte die Gräfin in ihrer Angst, die sie plötzlich überfiel.

„Sparen Sie sich Ihr Willkommen", sagte der Tofiller scharf, zerrte den Scheck aus seiner Tasche, zerriß ihn in Stücke und warf ihn der fassungslosen Gräfin vor die Füße. „Da haben Sie Ihren schmutzigen Fetzen! Für was schätzen Sie mich eigentlich ein? Glauben Sie denn, daß wir Tofiller käuflich sind? Das mag vielleicht in Ihren Kreisen so Brauch sein – mir jedenfalls haben Sie keinen Gefallen erwiesen."

„Wollte ich auch gar nicht", sagte die Gräfin sehr leise, nicht weil sie ruhig war, sondern weil Angst in ihr pochte, daß dieser Mann wieder seine groben Register ziehen werde. „Es war für Ihren Sohn gedacht“, fügte sie hinzu.

Der Tofiller lachte hart auf. „Meinen Sie, daß mein Sohn anders denkt als ich? Er wird sich vielleicht bloß nicht so ärgern wie ich, weil das Geld von Ihnen kam. Ihn würde es höchstens schmerzen, wenn Ihre Tochter ihm das Geld geschickt hätte.“

In blitzschneller Erkenntnis der Lage fing Gräfin Mechthild den letzten Satz auf wie einen zugeworfenen Spielball. In ihren Augen funkelte eine satanische Freude.

„Was wollen Sie denn? Den Scheck hat ja Karola-Adelheid ausgestellt. Ich habe ihn nur unterschrieben.“

Einen Augenblick schaute der Tofiller verdutzt auf. Dann sagte er: „Ach, so ist das? Na ja, denken hätte ich mir's ja können, daß der Apfel nicht weit vom Stamm fällt. Dem Herrn Grafen wäre so was nicht eingefallen. Hab immer gemeint, die Tochter könne ihm nachgeraten. Jetzt weiß ich, daß sie um nichts besser ist als Sie.“

„Das ist eine Beleidigung“, schrie Gräfin Mechthild. „Sie werden das sofort zurücknehmen!“

„Zurücknehmen?“ Der Tofiller lächelte mitleidig, so wie man über ein Kind lächelt, das etwas Dummes dahergeplappert hat. „Da werden Sie alt und grau, ehe ich zurücknehme, was ich gesagt habe. Lassen Sie mich reden, Madame! Ich kann zwar die Worte nicht so setzen wie Sie, weil ich bloß ein Bauer bin. Ich bin nichts als der Tofiller vom Tofill, und das langt mir. Zumindest verstehe ich, was Anstand ist, und daß man einem Menschen nicht Geld bieten soll, der nichts getan hat als seine Pflicht. Sie sollen den Mund halten, Madame! Einer meiner Buben ist zugrunde gegangen, weil er ein Kälbchen hat retten wollen. Und mein Markus wäre auch in den Pavillon hinüber, wenn eine Ihrer Tagwerkersfrauen da drüben in Not gewesen wäre. Zufällig war es eben Ihre Tochter. So – das hab ich Ihnen sagen müssen. Jetzt sind wir fertig, und zwar für immer."

So stürmisch wie er hereingekommen war, ging er jetzt wieder hinaus. Die Flügeltüren schlugen hinter ihm zu und wippten noch eine Weile in den Angeln.

„Das mir ..." stöhnte sie. „So ein Mensch – und niemand ist da, der ihn hinausgeworfen hätte ..." Sie suchte in ihrem Handtäschchen nach Kölnisch Wasser und betupfte sich Stirn und Schläfen damit. Dann stand sie auf, öffnete das Fenster und rief hinaus: „Adolf, die Pferde wieder in den Stall. Mir ist die Lust vergangen, nach St. Margarethen zu fahren."

Sie suchte Karola-Adelheid, fand sie aber nirgends. Das war Karola-Adelheids Glück, denn über sie hätte sich nun die ganze Welle des maßlosen Zornes ergossen.

Keines klaren Gedankens fähig, schritt sie durch die weiten Anlagen des Gutshofes und traf ihren Sohn Hubert bei dem neuen Mähdrescher, der gerade angekommen war, und den er mit dem Inspektor besichtigte. Bei ihm konnte sie nichts anbringen, denn Graf Hubert war fasziniert von den technischen Vollkommenheiten dieser neuen Maschine. Er blickte nur flüchtig auf und sagte etwas erstaunt:

„Oh, du hast dich wohl verlaufen, Mama? Man sieht dich so selten hier. Schau dir das bloß einmal an. Wir werden durch diese Maschine im nächsten Jahr bei der Ernte mindestens fünfzehn bis zwanzig Leute einsparen können."

„Soso", sagte die Gräfin zerstreut. „Hast du einen Augenblick Zeit?"

„Diese Maschine mäht das Getreide und drischt es zugleich. Kolossal, nicht wahr? Und wenn ich dir erklären darf, Mama – ach so, du wolltest mich ja sprechen. Ist es dringend?"

„Nein, es ist nicht dringend", antwortete Gräfin Mechthild schon im Davongehen. „Wir sprechen später darüber."

Es ist wirklich so, dachte sie, daß ich ganz allein bin, wenn man mich schmäht und beleidigt. Der Mann auf der Jagd, der Sohn lieber mit dem Mechanismus eines Dreschmähers beschäftigt, als sich meine Sorgen anzuhören ...

War es denn wirklich so, daß man zu fremden Menschen gehen mußte, wenn man Hilfe brauchte? Sie bedachte das zunächst gar nicht, und dieser Gedanke kam ihr erst, als sie die Sonnenblumen hinter dem Zaun des Försterhäuschens gewahrte, die schon so hoch und dicht waren, daß man ungesehen die hintere Eingangstür erreichen konnte.

Einmal war sie schon hier, und sie dachte beim

Eintritt merkwürdigerweise an den Wacholderschnaps, den sie damals getrunken hatte, und von dem Frankenegg gesagt hatte, daß er verjünge.

Die Situation war heute ein wenig anders. Heute war heller Tag, und die Sonne schien durch die kleinen, nicht ganz sauberen Fenster. Damals war sie noch hochmütig hergekommen, heute fühlte sie sich als geschlagene Frau, von allen verraten und verlassen.

Frankenegg war von seinem Schreibtisch aufgestanden, der über und über mit Papieren bedeckt war. Es verwirrte ihn aufs neue, daß diese Frau zu ihm kam. Die Gräfin aber ging zunächst an ihm vorbei und schrieb ihre Initialen in den Staub der Fensterscheibe: M. v. J-Z. Nachdenklich betrachtete sie eine Weile ihren staubigen Zeigefinger und sagte:

„Hier fehlt eine Frau, Frankenegg."

Frankenegg antwortete nicht. Er starrte auf die Gräfin. Als sie sich umdrehte, blickte er weg.

„Ich werde veranlassen, daß eine von den Frauen drüben jeden Tag reinmacht", sagte sie, und sah sich gleichzeitig nach einer Sitzgelegenheit um.

Schnell schob er ihr seinen Schreibtischsessel zu. „Ich glaube nicht, daß Frau Gräfin gekommen sind, bloß um mir zu sagen, daß hier eine Frau fehlt. Aber vielleicht kommt bald eine herein."

Überrascht blickte sie auf. „Sie, Frankenegg?"

„Nein, nicht ich. Aber der Jäger Simon Blank will im Herbst heiraten. Vorausgesetzt, daß man ihm die oberen zwei Zimmer gibt."

„Ich glaube, daß da keine Bedenken bestehen. Aber Sie haben recht, Frankenegg. Ich bin nicht deswegen gekommen – ich brauche Ihre Hilfe."

„Frau Gräfin wissen, daß ich alles für Sie tue."

Sie blickte zu ihm auf, der jetzt dicht hinter ihr stand.

„Wirklich? Und warum, Frankenegg?"

Seine Augen waren dicht über ihr, und er sah auf ihren Mund nieder, der halb geöffnet stand. Er mußte die Augen schließen und konnte kaum das Verlangen unterdrücken, ihn zu küssen.

Gewaltsam riß er sich los und verschränkte die zitternden Hände hinter seinem Rücken. So ging er ein paarmal in der Stube auf und ab, um dann am Fenster stehenzubleiben.

„Frankenegg", sagte Gräfin Mechthild endlich. „Sie sollten doch nicht vom Unmöglichen träumen."

„Es ist nur unmöglich, weil Sie die Frau Gräfin sind."

„Ja, deswegen", erwiderte Gräfin Mechthild. „Begraben Sie Ihre Träume."

„Es sind keine Träume, Frau Gräfin, es ist eine Sehnsucht."

„Manchmal ist eine erfüllte Sehnsucht hernach nur eine grenzenlose Enttäuschung, Frankenegg. Reden wir jetzt von anderem. Ich habe gesagt, daß ich Ihre Hilfe brauche. Ich war schon einmal bei Ihnen in der gleichen Sache. Es betrifft den jungen Tofiller."

Frankenegg nickte. „Ich weiß, Frau Gräfin. Es

gab aber wirklich keine Gelegenheit. Sie dürfen versichert sein, daß ich selber darauf brenne, den Burschen vor den Büchsenlauf zu bekommen."

Die Gräfin stand auf und trat nahe an ihn hin.

„Sie müssen das fertigbringen, Frankenegg, und werden es auch fertigbringen, nicht wahr? Der alte Tofiller hat mich heute beleidigt, wie mich noch nie jemand beleidigt hat."

„Sie auch, Frau Gräfin?"

„Warum fragen Sie?"

„Weil er mich – wenn auch nicht beleidigt – aber so von oben herab behandelt hat, als sei ich sein Hüterbub." Frankenegg knirschte mit den Zähnen. „Aber ich zahle es ihm heim!"

„Recht so, Frankenegg. Und denken Sie daran, daß er auch mich beleidigt hat." Sie legte ihre Hand auf seine Schulter. In ihren Augen flimmerte es gefährlich. „Mich, Frankenegg – die Frau, von der Sie träumen, wie Sie sagen."

„Es ist wirklich so", sagte Frankenegg und fühlte, daß ihm der Atem dabei eng wurde.

„Frankenegg, nehmen Sie diese Belastung von mir, an der ich immer tragen werde, dann ..."

Mit einem schnellen Ruck wandte er sich ihr zu. „Dann – Frau Gräfin?"

Sie ging zur Tür.

Ehe er sie erreichen konnte, hatte sie schon die Tür hinter sich geschlossen. Mit brennendem Blick sah er ihr durchs Fenster nach, wie sie neben den hohen Sonnenblumen hinging und dann seinen Augen entschwand.

Der Tofiller hatte schon recht. Markus dachte genauso wie er, und nichts hätte ihn mehr verletzen können, als daß ihm Karola-Adelheid Geld geschickt hatte. Der Gedanke, daß dies alles nur Lüge sein könnte, kam ihm gar nicht, weil er ja dieses Unfaßbare vom Vater wußte, und der Vater hatte noch nie gelogen. Für ihn war einfach eine Welt zusammengebrochen. In seinem Grübeln sagte er sich sogar, daß die Gräfin selber viel zu geizig sei, ihm soviel Geld zu schicken. Also mußte der Gedanke schon von Karola-Adelheid ausgegangen sein. Und das schmeckte bitter. In dieser Lage kam ihm jetzt das zu Hilfe, wovon der Vater auf der großen Mahd gesprochen hatte, der Tofillerstolz, die Waffe aller Gekränkten.

Ja, er hätte wohl nachts hinuntergehen und die Heidi vor dem versperrten Eisengitter sprechen können. Aber das tat er nun nicht mehr, das ließ sein Stolz nicht mehr zu. Was bedeutete ihm ein Mädchen, das meinte, sie könne mit Geld bezahlen, was er aus Liebe und selbstverständlicher Hilfsbereitschaft getan hatte. Hatte sie ihn vielleicht immer schon so eingeschätzt und sich mit dem Gedanken getragen, ihm Geld zu schicken, wenn sie ihm einmal den Laufpaß gab, weil es das einzige war, was die Jenna-Zinnbergs im Überfluß hatten.

Nein, er würde alles versuchen, ihr nicht mehr zu begegnen. Aber wer kann seinem Schicksal entgehen? Karola-Adelheid kam am Samstagnachmittag, und die Tofillers hatten gerade Feierabend gemacht. Der Tofiller war bereits in der Stube und rasierte sich. Die beiden Mädchen richteten im Waschhaus das Badewasser her, Martin trieb das Vieh von der Weide herein, bloß Markus war noch damit beschäftigt, das Werkzeug in den Schuppen zu bringen. Da stand wie aus dem Boden gewachsen Karola-Adelheid vor ihm, ein wenig erhitzt und fast außer Atem, weil sie den Berg heraufgelaufen war.

„Markus, was ist denn los? Ich habe dich die ganze Woche nicht gesehen. Ich habe es jetzt nicht mehr ausgehalten, ich mußte zu dir, um zu wissen, was vorgefallen ist."

Er sah sie an wie einen Menschen, den man zum ersten Mal im Leben sieht. Und sie erschrak vor der Kälte seines Blickes. Er scharrte mit der Schuhspitze etwas Erde von der Schaufel, die er in der Hand hatte, und stellte sie dann in die Ecke.

„Was mit mir los ist, fragst du? Ausgerechnet du fragst mich das? Es wäre verständlicher, wenn ich dich fragen würde, was mit dir los ist."

Ihre Augen umschatteten sich vor Trauer und Angst. „Was mit mir –? Markus, glaube mir, ich habe nicht früher loskommen können. Meine Mutter bewacht mich doch dauernd. Aber ich habe auf dich gewartet, daß du mir wenigstens ein Zeichen gibst. Nächtelang bin ich am Fenster gestanden und habe gewartet. Aber jetzt habe ich es einfach nicht mehr aushalten können – ich mußte zu dir. Und nun stehst du da, als ob ich dir etwas getan hätte."

Markus fuhr mit dem Gesicht hoch. In seinen Worten schwang die ganze Bitterkeit seines Herzens.

„Nein, du hast mir nichts getan! Du bist ein unschuldiger Engel! Du – ja, du – hast mir nichts angetan! Wenn du mich ins Gesicht geschlagen hättest oder mich mit Füßen getreten, glaub mir, das hätte mir nicht so weh getan, als daß du mir Geld geschickt hast."

Karola-Adelheid fühlte, wie ihr schwarz vor den Augen wurde, und sie griff schnell nach dem Torpfosten. Als sie sich wieder gefaßt hatte, war der Klang ihrer Stimme erloschen.

„Was hätte ich getan? Geld soll ich dir geschickt haben?"

„Viertausend Mark, weil ich für dich ins Wasser gesprungen bin."

„Und das glaubst du?"

„Ich habe keinen Grund, daran zu zweifeln, und das paßt jetzt grad noch dazu, daß du es leugnest. Mein Vater war doch bei euch im Schloß und hat der Frau Gräfin das Geld vor die Füße geworfen. Und sie hat gesagt, daß du den Scheck ausgestellt hättest."

„Aber das ist doch nicht wahr!" schrie sie verzweifelt.

„Glaubst du vielleicht, daß mein Vater lügt?"

„Nein, aber ich habe dich doch auch nie angelogen."

„Das habe ich auch gedacht. Ich habe an dich geglaubt, ich war so stolz auf dich, weil ich gemeint habe, du wärst doch anders, als die ganze hochnäsige –". Er unterbrach sich, weil er sie nicht beleidigen wollte.

„Sprich es nur aus, das Wort Bagage“, sagte sie, und dabei rannen ihr die Tränen über die Wangen. „Es tut mir leid, Markus, daß du so wenig Vertrauen zu mir hast, daß du mir etwas zutraust, was mir im Traum nicht einfallen würde. Ob ich das verdient habe, kann ich nicht beurteilen. Ich weiß nicht, ob diese Wunde jemals wieder verheilen wird. Ich möchte es gerne, Markus, denn – ich liebe dich und weiß nicht, wie ich ohne deine Liebe leben soll. Leb wohl, Markus. Vielleicht hilft die Zeit uns, daß wir wieder Vertrauen zueinander finden.“

Noch ehe er antworten konnte, war sie zum hinteren Türchen hinausgehuscht und rannte nun den Berg hinunter. Sie hörte seinen Ruf nicht mehr, und enttäuscht ließ er die Arme sinken.

Als er sich umdrehte, hatte er einen Schreck, der ihm bis in die Kniekehlen hineinfuhr. Kaum zehn Meter entfernt stand unter dem Vogelbeerbaum der Förster Frankenegg mit spöttischem Grinsen.

„Verdammter Schleicher! Was hast du hier zu suchen?“ fuhr Markus ihn an.

Frankeneggs Stirn umwölkte sich, aber der Spott um seine Mundwinkel war immer noch da, als er sich Markus näherte und ihn am Rockaufschlag faßte.

„Ich habe mit dir noch nicht Schweine gehütet, Bürscherl. Für dich bin ich immer noch der Herr Förster, merk dir das.“

Da schlug ihm Markus die Hand nieder, daß er vor Schmerz aufschrie.

„Rühr mich nicht noch mal an, sonst –“ drohte

Markus. „Ich habe gefragt, was du hier umeinanderzuschleichen hast?"

Frankenegg betrachtete seinen vom Schlag rot angelaufenen Handrücken. Dann hob er die Augen.

„Ich habe keine Verbotstafel gesehen, daß man hier nicht gehen dürfe. Es gehört nun mal zum Beruf eines Jägers, daß er stehenbleibt und horcht, wenn er etwas hört. Und das da –" er betrachtete wieder seine Hand, die angeschwollen war, „– das werde ich dir heimzahlen." Er wandte sich ab und ging schnell davon.

„Ja, zahl mir's heim", schrie Markus ihm wie von Sinnen nach. „Lauf nur zu deiner hochnäsigen Gräfin und verpetz mich wieder, wie du es immer schon gemacht hast! Du bist ja an allem schuld. Aber hineinzuspringen ins Wasser, dazu warst du zu feig. Da hat man ja bloß so einen Bauern wie mich brauchen können."

Da blieb Frankenegg stehen und riß die Büchse herunter. Einen Augenblick sah es so aus, als ob er schießen wolle. Er war ganz grau im Gesicht. Dann warf er die Büchse wieder auf den Rücken und lachte im Davongehen. Dieses mißtönende Lachen gellte Markus noch in den Ohren, als er später in der Stube mit den anderen bei der Abendsuppe saß. Aber er sagte nichts von der Begegnung, weder von der mit der Heidi, noch von der mit dem Förster. Er befand sich in einem Zwiespalt, noch ärger als zuvor. Jetzt wußte er überhaupt nicht mehr, was er glauben sollte, denn angelogen hatte ihn Karola-Adelheid bisher noch nie.

Drei Tage später war es, als der Tofiller so nebenbei sagte:

„'s Wildbret ist uns auch ausgegangen, und vor Kirchweih möchte ich nicht gern eine Sau schlachten. Sie sind mir noch zu gering, und dann soll ich auch dem Kreuzwirt eine verkaufen. Wen trifft es denn diesmal? Ich glaube dich, Markus oder?"

Jetzt meinte Markus, daß es an der Zeit sei, dem Vater seine Beobachtung mitzuteilen.

„Eigentlich träfe es diesmal den Martin. Aber der Martin nimmt es immer ein wenig zu leichtfertig."

„Was heißt leichtfertig? Er braucht ja nicht weit zu gehen. Gleich droben, wo die Mur unsern Kranzwald niedergerissen hat, wechselt ein ganz kapitaler Bock. Wenn ich gestern nachmittag ein Gewehr bei mir gehabt hätte, hätt ich ihn gleich mitgenommen."

„Es ist nicht mehr so einfach wie früher, Vater."

„Wieso auf einmal? Den Kofler von Wildflecken hab ich erst gestern mit einem vollgepackten Rucksack vorbeischleichen sehen."

„An den Kofler denkt keiner, aber auf uns hat der Frankenegg Verdacht. Er schleicht um den Tofill herum wie ein Fuchs. Vorgestern hab ich sie alle zwei am Waldrand droben sitzen sehen, den Frankenegg und den Simon Blank."

Nachdenklich rieb der Tofiller sich das Kinn mit den Knöcheln seiner rechten Hand.

„Ach, so meinst du. Aber dann werden sie heut doch nicht schon wieder um die Wege sein. Vorsichtshalber machen wir's anders. Ich fahr am

Nachmittag mit der Notburga zum Kranzwald nauf und hol ein Fuder Daxen. Kommt mir der Bock unter, erledige ich ihn gleich. Sonst verstecke ich das Gewehr im Daxenhaufen, nicht weit weg von der großen Buche, die dort steht. Dann gehst du am Abend nauf, bevor es dämmerig wird. Oder hast du Angst? Sag's ruhig, dann geh ich."

„Angst? Wie kommst denn auf so was, Vater? Ich hab bloß gemeint, daß wir vorsichtiger sein müssen als früher."

Wieder rieb der Tofiller sich das Kinn. Unwillkürlich mußte er an den Blick voll abgrundtiefen Hasses denken, den die Gräfin ihm zugeworfen hatte.

„Also gut", meinte er dann. „Lassen wir es ganz sein."

„Nein, nein, Vater, ich geh schon", antwortete Markus schnell und bestimmt. Es leitete ihn dabei der Gedanke, daß, käme es zu einem Zusammentreffen, es doch besser sei, wenn er dem Frankenegg gegenüberstehe als der Vater.

Aber vielleicht waren diese Gedanken alle unsinnig und dumm. Vielleicht existierte diese Gefahr jetzt nur in seiner Einbildung, und es war alles noch so wie früher, als man sich eben Wildbret verschaffte, wenn es ausgegangen war, ohne daß man dabei viel Überlegungen angestellt hätte, daß dies verboten oder gar mit einer Gefahr verbunden sei.

Und so verließ Markus am Abend den Hof, weil der Vater am Nachmittag nicht zum Schuß gekommen war, und Martin gar nicht daran dachte, etwa zu sagen: „Du – heute wäre eigentlich ich an der Reihe ..."

Aber Martin war eben ein Mensch, der wohl seine Pflicht tat, wenn man ihn hinschob, aber selber keinen Tatendrang oder Ehrgeiz hatte.

Die Hände in den Hosentaschen, so schlenderte Markus über die große Mahd hinauf, als mache er einen Spaziergang. Das Abendrot leuchtete hinter der Wundspitze, und die Roschach floß so lieblich talwärts, als hätte sie nicht vor kurzem erst in wilder Gier alles zerstört, was ihr im Weg war.

Er hatte nicht weit zu gehen. Schon nach einer halben Stunde war er im verwüsteten Kranzwald. Teils lagen die Stämme noch entwurzelt und wüst durcheinander, teils waren sie schon aufgearbeitet. Was noch stand, war eine einsame Buche mit einem Stamm, den zwei Männer nicht umfassen konnten.

Nach ein paar Griffen in den Daxenhaufen hatte Markus die Büchse in der Hand. Er sah nach, ob sie geladen war, und blickte dann um sich. Ringsum war alles still, und die Dämmerung wob sich bereits um alle Dinge.

Da – was war das? Schob sich nicht hinter dem Buchenstamm ein Büchsenlauf hervor? Blitzschnell warf Markus sich zu Boden, in derselben Sekunde, als ein Schuß krachte. Er sah den Feuerschein aufblitzen und hörte die Kugel, die neben ihm in den Daxenhaufen hineinzischte.

Der Schütze war wohl der Meinung, getroffen zu haben, und trat, ohne Deckung zu nehmen, hinter der Buche hervor. Markus sah wieder das kalte, spöttische Lächeln um Frankeneggs Mund und dachte in einer wütenden Aufwallung: Anrufen hätte er mich doch müssen – anrufen und dann erst schießen ...

Frankenegg lud wieder durch und kam zögernd ein paar Schritte näher. In Sekundenschnelle riß nun Markus seine Büchse hoch. Der Schuß krachte. Frankenegg wankte, ließ zögernd sein Gewehr fallen, ging langsam in die Knie und fiel zu Boden.

„Heilige Maria – steh mir bei! Was hab ich jetzt angefangen“, stöhnte Markus, warf seine Büchse weg und stürzte zu dem Getroffenen hin.

„Förster, das hab ich nicht gewollt! Du hättest mich anrufen sollen.“

Ein verbissener, haßerfüllter Blick traf ihn. Dann schloß Frankenegg die Augen und ließ den Kopf mit einem Stöhnen zur Seite fallen.

Markus öffnete ihm die Joppe und den Hemdkragen. Da hörte er plötzlich ein Rascheln hinter sich, und als er sich erschrocken umwandte, stand dort der Jäger Simon Blank mit schußfertigem Gewehr.

„Tofiller, heb die Hände hoch!“

Markus kniete am Boden, aber er hob die Hände hoch.

„Simmerl, das hab ich nicht gewollt!“

„Das wird dir kein Mensch glauben, Markus Tofiller. Ist er tot?“

„Ich weiß es nicht.“

„Tofillerbub, das kostet dich mindestens fünfzehn Jahre Zuchthaus.“

Das war es, dieses Wort Zuchthaus, das dem Markus einen tödlichen Schrecken einjagte. In dem Augenblick, als sich Simon niederbeugte, fuhr Markus ihm mit gesenkter Stirne zwischen die Beine, hob ihn hoch und schleuderte ihn in weitem Bogen zu Boden.

Ehe Simon Blank recht zu sich kam, war Markus schon verschwunden. Man hörte nur mehr die Stauden rascheln, hinter denen er verschwunden war.

„So ein Narr“, sagte Simon Blank. „Als ob er es dadurch besser macht. Wo will er denn hin?“ Dann beugte er sich über Frankenegg und griff nach dessen Puls.

Ja, wo wollte er hin? Dies überlegte sich Markus jetzt auch, als er in hetzenden Sprüngen talwärts hastete. Was wollte er daheim? In einer Stunde waren sicherlich schon die Gendarmen da, um ihn zu verhaften. Nein, daheim saß er in der Mausefalle.

Einmal hielt er in seinem rasenden Lauf inne. Nichts rührte sich. Aber die Dunkelheit war auf einmal da.

Jetzt erst kam es Markus voll und ganz zum Bewußtsein, welch verhängnisvoller Wechsel in sein Leben gekommen war. Er schlug die Hände vors Gesicht und stöhnte.

„Herrgott, was hab ich bloß getan! Einen Menschen habe ich umgebracht …“

Ja, aber – hatte dieser Mensch ihn nicht auch umbringen wollen? Hatte er ihn etwa angerufen? Nein, er hatte einfach auf ihn geschossen, ohne Anruf! Warum eigentlich? Aus Haß?

Aber wer würde ihm glauben? Er hatte doch keinen Zeugen. Tote müssen schweigen. Und selbst wenn dies bezeugt werden könnte, es änderte doch nichts an der Tatsache, daß er getötet hatte, wenn auch in Notwehr. Aber galt hier Notwehr?

In diesem Augenblick fiel ihm auch Karola-Adelheid ein. Nein, auch sie würde ihm nicht helfen können. Bestünde nicht bereits diese Unstimmigkeit zwischen ihnen, so würde sie sich eben jetzt voller Abscheu von ihm wenden, denn – er hatte getötet.

Der Tofiller wollte sich nichts anmerken lassen. Und doch stand er voll brennender Unruhe hinter seinem Hof und horchte in die Nacht hinein, die erfüllt war von Tausenden Geräuschen. Die Roschach ging für ihn mißtönend laut, der Wind hatte etwas Gefährliches in sich, und jeder Vogelruf, der verträumt aus dem Wald kam, hörte sich an wie ein dröhnender Laut.

Mit vorgebeugtem Kopf lauschte er angestrengt hinein in diese Nacht, die voller Sterne war.

Auf einmal legte jemand ganz sacht die Hand auf seine Schulter. Erschrocken fuhr er herum.

„Ach, du bist es, Margret?"

„Ja, Urban, ich bin's. Und du sollst mir jetzt sagen, was dich so unruhig macht. Ich habe es doch vorhin schon gemerkt."

Er nahm ihre Hand von seiner Schulter und behielt sie in der seinen.

„Margret, erschrick nicht – ich glaub, es ist was

geschehen. Ich habe zwei Schüsse gehört – und der Markus müßt schon längst da sein."

„Du meinst, daß Markus –"

„Sei still – ich höre Schritte."

Unweit von ihnen hasteten drei oder vier Gestalten bergwärts. Vorne an der Haustür aber rief jemand nach ihm.

Der Tofiller reckte die Schultern.

„Sei stark jetzt, Margret! Was auch sein mag, wir müssen es auf uns nehmen."

Dann ging er mit ruhigen Schritten vor, beschleunigte den Gang auch nicht, als die Stimme ein zweites Mal, diesmal fast zornig, nach ihm rief.

Es war der Gendarmeriekommandant von St. Margarethen und zwei seiner Wachtmeister.

„Tofiller, wo ist Ihr Sohn Markus?"

Der Tofiller atmete auf. Wenn man nach Markus fragte, mußte er noch leben.

„Ich weiß es nicht, Herr Steiner. Warum? Was soll denn mit ihm sein?"

„Er hat den Förster Frankenegg erschossen, und wir müssen ihn festnehmen. Machen Sie uns keine Schwierigkeiten, Tofiller. Ist er im Haus?"

„Bitte, suchen Sie."

Der Gendarmeriekommandant gab seinen Wachtmeistern einen Wink. Die gingen ins Haus. Dann sagte er:

„Tofiller, es tut mir leid, aber ich muß meine Pflicht tun."

„Natürlich. Ich will Sie auch nicht hindern."

Ihm den Vortritt lassend, ging der Tofiller hinter

dem Gendarmeriekommissär in den Flur. Etwas betreten standen Notburga und Martha unter der Stubentüre. Martin schob sich hinzu.

„Was ist los, Vater?“ fragte Martin.

Der Tofiller sah ihn mit schmalen Augen an.

„Ich wollt, ich hätte dich geschickt, dann wär es vielleicht anders gegangen, weil du vorsichtiger bist als der Markus.“

Steiner drehte sich um. „Soll das heißen, Tofiller, daß Sie Ihren Sohn selber hinausgeschickt haben?“

„Ja, um ein Reh zu schießen, aber nicht um den Frankenegg umzulegen. Ich möchte bloß wissen, wie das zugegangen ist.“

„Das wird die Untersuchung ergeben. Zuerst müssen wir Ihren Sohn haben.“

Das alles konnte Markus nicht mehr hören. Er saß unweit des Hofes im Geäst eines Nußbaumes und hatte die Gendarmen kommen sehen und verstanden, was vor dem Haus gesprochen worden war. Jetzt sah er, wie sie mit einer Laterne von Zimmer zu Zimmer gingen und wohl jeden Winkel durchstöberten, und er wußte, daß sie warten würden, bis er auf den Hof zurückkehrte, um ihn dann festzunehmen und abzuführen.

Es gab also für ihn kein Zurück mehr! Als ihm das zum Bewußtsein kam, wollte ihn eine unendliche Traurigkeit überfallen. Was sollte nun aus ihm werden? Sein Leben war verpfuscht, so und so. Aber einsperren? Manchmal, wenn er Brennholz hinuntergefahren hatte ins Gefängnis, hatte er die Gestalten im grauen Drillich im Hof gesehen, und es hatte ihn immer ein kalter Schauer angerührt, wenn er die hohe Mauer betrachtete, in deren oberen Rand spitze Glasscherben einbetoniert waren. Dabei waren dies noch ganz harmlose Übeltäter, Milchpantscher vielleicht, Handtaschendiebe und sonstige Dreiwochensitzer, denn St. Margarethen hatte nur ein kleines Amtsgericht. Er aber hatte einen Menschen erschossen. Ihm blühte das Zuchthaus, fünfzehn, zwanzig Jahre, oder gar lebenslänglich. Und dabei war er erst neunzehn Jahre alt!

Er hatte plötzlich eine rasende Angst, daß man ihn hier im Baum entdecken könne. So glitt er am Stamm herunter und stolperte in das Dunkel hinein, immer von der Vorstellung gepeitscht, man sei hinter ihm her. Er machte um Wildflecken einen weiten Bogen, um ja niemandem zu begegnen. Dabei drängte es ihn aber geradezu, jetzt mit einem Menschen zu sprechen. Er dachte an Karola-Adelheid, die ihm vielleicht helfen könnte. Aber das war im Kehrreim seines Denkens wohl das Unsinnigste. Wie sollte gerade sie ihm helfen können? Wahrscheinlich würde sie entsetzt vor ihm zurückweichen und um Hilfe schreien oder sonst etwas Unvernünftiges tun.

Da sah er ein kleines Licht in der Finsternis. Vor ihm duckten sich die breiten Gebäude eines Bauernhofes. Und er wußte, daß es der Kronwitterhof war. Hier suchten sie ihn bestimmt nicht, wenn er sich im Heuboden verbarg. Aber wie hineinkommen? Er sah das kleine Licht jetzt wieder im oberen Stockwerk. Schon griffen seine Hände in die Sprossen der Laube, die sich um das ganze Haus zog. Dann stand er oben und spähte vorsichtig zum Fenster hinein.

Vor einer blaubemalten Kommode kniete ein Mädchen und räumte Wäschestücke hinein. Mit hochklopfendem Herzen stand er da und getraute sich doch nicht anzuklopfen. In diesem Augenblick richtete das Mädchen sich auf, schob die Schublade zu und kam zum Fenster, um es zu schließen. Da sah sie ihn stehen und wich mit einem leisen Schrei zurück.

„Margret", flüsterte er, „erschrick nicht – Margret – du mußt mich verstecken!"

Sie kam nun ganz nahe heran, hatte alle Furcht verloren. Sie sah in sein verstörtes Gesicht, sah, wie ihm die Haare schweißverklebt in die Stirn hingen, und sah seinen gehetzten Blick.

„Du bist es, Markus? Warte einen Augenblick."

Sie öffnete die Balkontür, faßte ihn dann bei der Hand und führte ihn in ihre Kammer.

Sie war nicht schön, diese Kronwitter Margret. Ihr Gesicht war ein wenig breit, der Mund etwas streng, ihre Gestalt war groß und derb. Nur ihre Augen hatten einen tiefen Glanz und waren jetzt von einer leisen Sorge umschattet.

„Setz dich dorthin, Markus, auf mein Bett. Du siehst ja ganz abgehetzt aus. Ist denn etwas passiert?"

Er setzte sich auf den Bettrand, ließ den Kopf tief hängen und dachte, daß diese Stimme, die ihm jetzt so wohl tat, gleich nicht mehr diesen begütigenden Klang haben werde, wenn er ihr sagte, was ihn hierhergetrieben hatte.

„Wenn du's nicht sagen kannst, Markus – ich will dich nicht drängen ..."

Da hob er langsam den Kopf und sah sie an.

„Margret, erschrick nicht – ich habe den Förster Frankenegg erschossen."

Sie erschrak nicht, nur ihre Brauen bewegten sich langsam, und sie schloß die Augen wie nachdenkend. Hoch und streng stand sie vor ihm. Er hörte ihren Atem, so still war es jetzt, nach seinem Geständnis. „Und warum kommst du zu mir?" fragte sie endlich.

„Ich hab das Licht gesehen, und –"

„Ach so, wegen des Lichts."

Sie ging zum Fenster hin und schloß es. Als sie sich umdrehte, war ihr Gesicht irgendwie verändert. Mit dem Rücken an das Fenstersims gelehnt, verschränkte sie die Arme über der Brust.

„Bloß wegen des Lichts also. Einen Augenblick hab ich mir gedacht, du kämst zu mir, weil – na ja, lassen wir's, wie es ist. Du brauchst meine Hilfe, und du sollst sie haben. Jedem andern tät ich sie verweigern, aber bei dir kann ich es nicht."

Markus stand auf und griff nach ihren Händen.

„Ich dank dir, Margret. Und es ist ja auch bloß für die eine Nacht."

„Meinst du? Mach dir nichts vor! Die werden den Tofill im Aug behalten und werden dich, wenn sie dich sehen, wie einen Hasen jagen. Aber mach dir jetzt 's Herz nicht gar zu schwer. Morgen werde ich zu deinen Leuten gehn und ihnen sagen, daß du bei mir bist."

„Margret", sagte er erschüttert, „wie soll ich dir das danken?"

„Red jetzt nicht davon. Leg dich schlafen, dort in mein Bett. Ich geh hinüber in eine andere Kammer."

„Nein, Margret, laß mich jetzt nicht allein. Ich muß einen Menschen haben, mit dem ich reden kann."

Sie saßen dann nebeneinander auf dem Bettrand, und die Stunden gingen dahin, stiegen über die Mitternacht hinaus in den Morgen hinein, und immer noch hatten sie sich etwas zu sagen. Und was der Mann mit Schweigen übergehen wollte, das hob Margret wie aus einer Versenkung heraus. Sie war ein grundehrlicher Kerl und sagte in dieser Nacht, was vielleicht unter anderen Umständen auch sie verschwiegen hätte. Nein, sie schämte sich nicht, ihm zu sagen, wie sehr sie darunter gelitten hatte, daß man es sich breit und nicht immer ohne Augenzwinkern erzählte, wie vernarrt der Tofiller Markus in das Schloßfräulein sei, gelitten deshalb, weil sie ihn schon seit ihrer frühen Kindheit in ihr Herz geschlossen hätte. Sie sei zwar nicht besonders gescheit, sagte sie von sich selber, aber das habe sie doch gewußt, daß er unglücklich werden würde in dieser abwegigen Liebe. Ja, sie habe sogar das gefühlt, daß er einmal zu ihr finden werde, freilich nicht unter solchen Umständen wie jetzt. Aber der Glaube daran sei in ihr nie wankend geworden.

„Und nun bist du halt da“, schloß sie, und dabei lockerte ein kleines Lächeln die Strenge ihres Mundes.

„Ich weiß schon, Margret, daß unsere Väter es unter sich so ausgemacht haben, daß wir zwei einmal zusammenkämen. Ich hab mich leider zu wenig um dich gekümmert.“

„Reden wir nicht davon, Markus. Nur eins glaub mir: zwingen hätte mich mein Vater nicht können, wenn ich dich nicht immer schon sehr gern gehabt hätte. Schau jetzt, ob du nicht doch ein wenig schlafen kannst. Ich muß hinunter – es wird Tag.“

Wie ein Verzweifelter griff er nach ihrer Hand.

„Sag mir wenigstens noch, daß du mir nicht bös bist. Ich weiß ja nicht, was aus mir wird, Margret. Wenn sie mich einsperren – ich weiß ja nicht wie lange – aber wenn ich dann wieder rauskomme, wirst auch du nicht mehr dasein.“

„Du sollst nicht so viel grübeln, Markus. Schlaf jetzt. Ich werde am Vormittag nach dem Tofill gehen und schauen, was überhaupt los ist.“ Sie strich ihm sein feuchtes Haar aus der Stirne. „Sei jetzt ganz ruhig, und denk dir, daß es einen Menschen gibt, der dir helfen will und auch im Unglück zu dir hält.“

Margret ging hinaus, drehte den Schlüssel von außen um und steckte ihn zu sich. Er hörte ihren festen Schritt über den Flur und dann über die Stiege gehen. Im Haus war es schon lebendig geworden. Die Hähne krähten, man hörte die Stimme des Kronwitters, ein Mistkarren rumpelte über das holprige Steinpflaster des Hofes.

Angekleidet warf Markus sich auf das Bett. Und da ihm seit 28 Stunden kein Schlaf mehr zugefallen war, schlossen sich seine Lider schnell über den brennenden Augen, und er sank in einen Traum hinein, der ihn so unruhig auch in seinen Bewegungen machte, daß er nach vier Stunden aus dem schmalen Bett auf den Boden herunterfiel. Erst nach Minuten kam er ganz zu sich und besann sich, wo er war. Er wußte auf einmal alles wieder. Es war jetzt alles nicht mehr so schwer, weil ihm einfiel, daß er einen Menschen hatte, der zu ihm stand.

Die Margret hielt rein äußerlich keinen Vergleich zu Karola-Adelheid. Aber sie war doch ein gütiger Mensch, der jetzt selbstlos seine Hand schützend über seine Not breitete. Das tat ungemein wohl in seiner Lage und ließ ihn wieder einschlafen, diesmal ohne bösen Traum.

Er hatte einmal das Gefühl, als streichle ein warmer Wind seine Stirn, und als er zögernd zwischen Traum und Halbschlaf die Augen aufschlug, sah er über sich etwas Glänzendes. Das aber waren Margrets Augen.

Erschrocken fuhr er auf.

„Und was ist? Warst du schon auf Tofill?"

Sie deckte schnell ihre Hand auf seinen Mund.

„Nicht so laut, Markus. Es darf doch niemand wissen, daß du hier bist." Sie setzte sich auf den Bettrand zu ihm. „Ja, ich war auf dem Tofill. Deine Eltern lassen dich schön grüßen. Aber zurück kannst du jetzt nicht, Markus. Man beobachtet dauernd den Tofill."

„Ja, aber – ich kann doch nicht meiner Lebtag hier in deiner Kammer bleiben."

„Nein, nur noch ein paar Nächte. Heute, wenn es dunkel wird, kommt dein Vater. Er wird dir alles sagen. Und hier, Markus, habe ich dir etwas zu essen mitgebracht. Wasser steht auch dort, daß du dich waschen kannst."

Da nahm Markus ihr Gesicht in die Hände und zog es zu sich nieder.

„Margret, ich werde dir das nie vergessen."

In ihr Gesicht kam ein stilles Leuchten und machte es schön auf eine seltsame Art.

„Versprich jetzt nichts, Markus, was dir vielleicht schwerfällt zu halten. Wenn du einmal wiederkommst, werden wir ja sehen, ob du es vergessen hast oder nicht."

„Ich muß fort? Hat der Vater dir gesagt, daß ich fort muß?"

Sie neigte sich wieder zu ihm nieder und legte ihre Wange nahe an die seine, ganz schüchtern, so wie in Angst, daß er es nicht dulden würde.

„Wenn es nach mir ging, Markus, ich möchte dich am liebsten hierbehalten und dich vor aller Welt verstecken. Dann wüßte ich wenigstens, daß du mir allein gehörst. Aber iß jetzt, und laß dich nicht am Fenster sehen. Es darf niemand wissen, daß du hier bist. Am Abend komm ich dann wieder."

Auf Schloß Jenna-Zinntal herrschte gedrückte Stimmung. Es war vormittags, so gegen zehn Uhr, als das Telefon klingelte. Gräfin Mechthild sprang auf und griff nach dem Hörer. Karola-Adelheid blieb am Sims des Kamins gelehnt, trotzig und mit einer fast unheimlichen Ruhe, wie sie schon die ganze Zeit dort gelehnt hatte, um das ruhelose Gerede der Mutter über sich ergehen zu lassen.

Nach einer Weile legte die Gräfin den Hörer auf und wandte das Gesicht ihrer Tochter zu.

„Vater hat vom Krankenhaus angerufen. Die Ärzte fürchten das Schlimmste und hoffen nur, daß die Bärennatur Frankeneggs die Krise überstehen wird."

„Er wird sie überstehen, weil er sie überstehen muß", antwortete Karola-Adelheid.

„Ja, ja, ich weiß schon. Weil dieser Lump in deinen Augen kein Mörder sein darf."

„Mama! Markus ist kein Lump. Wie oft muß ich dir das noch sagen! Was wissen wir überhaupt? Es sind zwei Schüsse gefallen, mehr weiß man nicht. Ich glaube, dir wäre es lieber, wenn Markus Tofiller auf dem kalten Schragen läge."

„Offen gestanden, ja", erwiderte die Gräfin kalt.

„Deine Einstellung wundert mich nicht, denn du hast ihn ja gehaßt von Anfang an. Und du kannst es ihnen nie verzeihen, daß sie dir deine viertausend Mark vor die Füße geworfen haben. Es war taktlos von dir, sie überhaupt zu schicken. Noch viel taktloser aber war es, mich vorzuschieben, daß ich es gewesen sei, die den Scheck ausstellte."

„Du lügst!" schrie die Gräfin und aus dem Kaminwinkel kam träge die Antwort, begleitet von einem gequälten Lachen:

„Lügen, Mama? Wenn hier jemand lügt, dann bist es du.“

„Wie sprichst du mit deiner Mutter! Ist dir das, was jetzt alles geschehen ist, immer noch nicht genug, um einzusehen, was das überhaupt für ein Mensch ist? Warum stellt er sich nicht freiwillig? Warum versteckt er sich feige?“

„Wer sagt denn, daß er sich versteckt? Vielleicht ist er schon über alle Berge. Ich wünschte es, denn – eingesperrt zu sein wäre sein Tod.“

„Du bist ja nicht mehr klar im Kopf!“

„Doch, Mutter, es war noch nie so klar in mir wie jetzt.

In diesem Augenblick fuhr Hubert mit seinem Vater in den Schloßhof. Graf Arno ging die Geschichte sehr nahe. Sein Gesicht war noch verwitterter als sonst, und wahrscheinlich erregte es ihn mehr, als er sich anmerken ließ. Er verfiel nur nicht in den Fehler, etwa Karola-Adelheid Vorwürfe zu machen, im Gegenteil, er fand sogar noch ein tröstendes Wort für sie oder meinte wenigstens, daß es ein Trost sein könne, wenn er sagte:

„Es steht nicht besonders gut um Frankenegg. Leider ist er noch nicht bei Bewußtsein, so daß ich immer noch nicht weiß, wie es überhaupt zugegangen ist. Übrigens – in seinen Fieberdelirien spricht er oft von dir, Mechthild – von dir und deinem Mund ...“

Gräfin Mechthild erblaßte, aber sie sagte nichts, konnte auch nichts sagen, weil Graf Arno schon weitersprach:

„Das Ganze ist eine verdammte Schweinerei, und ich weiß nicht, ob nicht auch Frankenegg einen Fehler gemacht hat. Jedenfalls habe ich ihm immer wieder erklärt, daß ich die rote Aß in meinen Revieren nicht sehen will."

„Ich verstehe deine Milde nicht, Papa", mischte sich Hubert in das Gespräch. „Simon Blank hat doch auch erzählt, wie dieser Tofiller ihn einfach handlungsunfähig gemacht hat. Der Bursche scheint ein ganz geriebener Verbrecher zu sein."

„Ach, sei doch du still", fuhr Graf Arno ihm ins Wort. „Jeder Wurm krümmt sich, wenn er getreten wird, und der junge Tofiller wird sich halt auch gewehrt haben. Man muß erst selber in so einer Situation gestanden sein, um zu begreifen, wessen ein Mensch in seiner Verzweiflung fähig ist. Auf alle Fälle ist mir das Ganze peinlich, und ich bedauere zutiefst, daß diese Schweinerei passiert ist. Bloß ist mir nicht klar, wie sie passiert ist. Der Blank sagt, daß die beiden Schüsse immerhin im Abstand einer halben Minute gefallen sind. Das geht mir nicht recht ein. In solchen Fällen geht es meist um eine Sekunde, höchstens zwei. Na ja, wenn Frankenegg vernehmungsfähig ist, werden wir klarer sehen."

„Hoffentlich wird er es überhaupt noch", sagte die Gräfin mit brüchiger Stimme.

„Ja, das hoffe ich sehr", antwortete Graf Arno. „Weniger seinetwegen, als wegen des Menschen da oben, der mir noch zu jung ist, als daß sein Leben schon mit dem Makel eines Mordes belastet ist."

„Danke, Papa", sagte Karola-Adelheid.

Die Gräfin zog schmerzlich die Brauen zusammen und meinte: „Immerhin bliebe es dann immer noch Tötungsversuch mit schwerer Körperverletzung. Zusätzlich die verbotene Jagdausübung kämen dann doch noch fünf bis sechs Jahre Zuchthaus heraus."

„Du bist ja gut informiert."

„Ich habe mir erlaubt, den Herrn Amtsgerichtsrat Schmederer anzurufen."

„Dir pressiert es aber! Erfreulicherweise ist es aber doch so, daß die Nürnberger keinen hängen, den sie nicht haben. Und so weit ich den jungen Tofiller kenne, wird er nicht hingehen und sagen: da habt ihr mich, macht mit mir, was ihr wollt. Und wenn er klug ist, bleibt er eben so lange fort, bis die Sache verjährt ist. Und jetzt möchte ich nichts mehr hören, sondern anständig frühstücken, weil mich nämlich hungert. Komm, Heidi, leiste mir Gesellschaft."

„Ich verstehe Papas Einstellung nicht", sagte Graf Hubert, als die beiden draußen waren.

„Sie ist auch nicht zu verstehen. Aber du wirst mir den Gefallen tun, dich zu erkundigen, mein Junge. Ich glaube, man kann da etwas tun, daß so eine Sache nie verjährt."

„Natürlich kann man das", versicherte Hubert und zündete sich eine Zigarette an. „Übrigens, Papa hat recht. Frankenegg phantasiert dauernd von dir. Es wird dir wohl nichts anderes übrigbleiben, als ihn einmal zu besuchen."

Gräfin Mechthild biß sich auf die Lippen.

„Gib mir bitte auch eine Zigarette", verlangte sie dann. „Merkwürdig, was diese primitiven Menschen oft für Gedanken haben. Warum ausgerechnet von mir? Gut, ich werde ihn besuchen, wenn er sich wirklich durchringt. Aber du wirst mich dann begleiten, Hubert."

In der Nacht führte Margret Kronwitter zwei Menschen durch das hintere Stadeltor, durch die Tenne und dann den Söller entlang in ihre Kammer.

Der Tofiller trug einen schwergepackten Rucksack, die Tofillerin eine Tasche, die mit Lebensmitteln gefüllt war. So traten sie in Margrets Kammer, und das Wiedersehen mit Markus war für alle Teile so erschütternd, als sähen sie sich nach vielen Jahren der Trennung endlich wieder. Still schlich sich die Margret hinaus und schloß die Tür hinter sich.

Sie mußten leise sprechen, um nicht gehört zu werden. Markus wunderte sich über des Vaters große Ruhe, mit der er alles durchdacht und vorbereitet hatte. Durch irgendein Versehen war der Paß des ertrunkenen Studenten noch in seinem Besitz, während er Geld und Brieftasche schon abgeliefert hatte. Jetzt händigte er diesen Paß dem Markus aus.

„Du mußt heute nacht noch über die Grenze, Bub. Da, nimm diesen Paß. Bis auf weiteres heißt du Michael Brunner."

Markus sah das zerquälte Gesicht seiner Mutter, und sein Herz zog sich schmerzhaft zusammen. Es schien ihm, als sei ihr Haar in diesen Tagen noch weißer geworden.

„Muß ich wirklich fort, Vater?“ fragte er, in der Hoffnung, daß es noch einen anderen Ausweg gebe.

„Ja, du mußt fort, weil sie nach dir suchen und dich sofort einsperren würden. Und jetzt rede du. Wie war es eigentlich? Wer hat zuerst geschossen?“

„Vater, so wahr ein Gott im Himmel lebt, der Frankenegg hat auf mich geschossen, ohne mich überhaupt anzurufen. In der letzten Sekunde konnte ich mich noch zur Seite werfen. Beim zweiten Mal bin ich ihm allerdings zuvorgekommen.“

„Ist das wahr, Markus?“

„Ich kann es dir nicht anders sagen, Vater.“

Für Sekunden hatte es im Auge des Tofillers hoffnungsvoll aufgeblitzt. Dann schloß sich sein Mund wieder zu einer harten Linie.

„Es wird dir nicht viel helfen, Markus. Das Recht ist auf seiner Seite, und Menschen wie der Frankenegg heben, wenn es sein muß, die Finger auch zum falschen Schwur. Es hilft nichts, Markus, du mußt weg. Da – Geld brauchst du auch. Es ist alles, was ich gerade habe. Geh in die Schweiz, zunächst nach Basel. Dort lebt in der Berner Gasse ein Vetter von mir. Er wird dir weiterhelfen. Und wir wollen es ganz kurz machen, Markus. Geb es Gott, daß Frankenegg wieder gesund wird. Dann läge wenigstens nicht die Belastung auf dir, einen Menschen getötet zu haben. Gib mir deine Hand, Markus, und schau mir in die Augen. Ich werde für dich geradestehen, ich werde sagen, daß ich dich hinausgeschickt habe.“

„Nein, Vater, das auf gar keinen Fall. Was ich

getan habe, für das stehe ich auch ein. Behüt dich Gott, Vater."

Mit einer jähen, stummen Bewegung riß der Tofiller seinen Sohn an sich. Genauso jäh ließ er ihn wieder los und drehte sich ab. Markus aber sank vor seiner Mutter in die Knie und umklammerte ihre Beine.

„Mutter, sei mir nicht bös, daß ich dir diesen Kummer bereitet habe."

Die Tofillerin beugte sich zu ihm nieder und machte ihm mit zitternder Hand das Kreuzzeichen auf Stirn, Mund und Brust. Vom Schluchzen geschüttelt, sagte sie:

„Markus, bleib ein anständiger Mensch, und vergiß nicht, daß ich immer für dich beten werde. Und so Gott will, werden wir uns wiedersehen."

„Mutter – ich vergeß dich nicht", schluchzte er in ihre Hände hinein. Dann stand er auf. „Wann muß ich gehen, Vater?"

„Du hast drei Stunden zur Grenze, wenn du über den Müllpaß gehst. Um Mitternacht kommt der Mond, bis dahin sollst du schon unterwegs sein. Und wenn du gut drüben bist, schreib eine Karte. Wie du jetzt heißt, weißt du ja. Und nun leb wohl, Bub."

Die Tür schloß sich hinter den beiden. Markus stand eine Weile wie erstarrt, ihm dünkte, dies sei die schwerste Stunde seines Lebens. Lautlos rannen ihm die Tränen übers Gesicht. Er trat ans Fenster und horchte in die Nacht hinaus. Kaum vernehmbar quietschte das Stadeltor. Man hörte keine

Schritte und sah auch nichts. Und doch sah er die beiden leibhaftig vor sich, wie sie jetzt den Berg hinaufstiegen, dem Tofill zu, der Vater groß und gebeugt, die Mutter neben ihm, ganz ihrem Leid hingegeben und vielleicht jetzt scheu nach der Hand des Vaters greifend, weil sie einen Halt brauchte.

Leise öffnete sich die Tür. Margret war eingetreten.

„Markus", flüsterte sie.

Er fuhr sich mit dem Handrücken über die Augen, dann drehte er sich um und sah sie an.

„Margret, ich muß jetzt gehn."

„Ja, ich weiß."

Ihr Kopf sank tief nieder. Das Licht fiel über ihr dunkles Haar hin und ließ es aufleuchten. Langsam trat er auf sie zu, schob seine Hand unter ihr Kinn und zwang sie, ihm in die Augen zu schauen.

„Margret, ich gehe nicht leichten Herzens weg von dir. Du bist ganz anders, als ich gemeint habe."

„Ich wollte, du bliebest mein Gefangener", flüsterte sie, und ihr Mund wurde locker und weich vor Sehnsucht. „Es war so schön, für dich zu sorgen. Ich hab dabei das Gefühl gehabt, als gehörtest du mir ganz allein."

Behutsam legte sich sein Arm um sie. Da war es um sie geschehen. Ihre Arme umklammerten seinen Hals, ihr Mund suchte den seinen, und in ihrem Kuß strömte alle Sehnsucht aus, die sie um ihn klaglos getragen hatte, die ganzen Jahre über.

„Markus, bleib bei mir", bettelte sie.

„Es geht nicht, Margret. Du weißt, daß es nicht geht."

„Ja, ich weiß es, Markus. Aber wenn du willst, ich warte auf dich, Markus. Es wird nie einen andern Mann für mich geben. Diese Gewißheit sollst du mit auf deinen Weg nehmen."

„Mach mir das Weggehen jetzt nicht schwer, Margret", sagte er und nahm den Rucksack. Gleichzeitig griff Margret nach der Tasche.

„Markus, wenn du noch Geld brauchst – ich habe..."

„Nein, laß nur, Margret. Ich stehe sowieso schon so tief in deiner Schuld."

„Du darfst doch nicht von Schuld sprechen, Markus. Komm jetzt – ich begleite dich." Sie warf sich ein Wolltuch um die Schulter und ging zur Tür.

Draußen umfing sie die Kühle der Nacht.

„Wenn Gefahr droht", sagte Margret, „dann springst du sofort weg. Ich werde dann schon eine Ausrede finden."

Aber es drohte keine Gefahr. Sie machten einen weiten Bogen um den Tofill und schritten rüstig bergwärts. Um Mitternacht stieg der Halbmond herauf. Gegen zwei Uhr näherten sie sich der Grenze. Man sah die Lichter der Zollgebäude vom Paß herunterleuchten.

„Ich muß mich jetzt links halten", sagte Markus, „denn wahrscheinlich haben sie an der Grenze meinen Steckbrief. Kehr um, Margret, und – hab Dank für alles."

Schluchzend umklammerte sie ihn nochmals.

„Behüt dich Gott, Markus, und – bleib gesund. Ich warte hier, bis du über die Grenze bist. Gib dann ein Zeichen, daß ich beruhigt heimgehen kann. Hast du Zündhölzer bei dir? Dann streiche eines an. Ich kann das von hier aus schon sehen."

So wartete sie, bis das Zündholz angestrichen wurde. Dann eilte sie den weiten Weg zurück und kam gerade auf dem elterlichen Hof an, als ihr Vater aus der Haustür trat. Verwundert betrachtete er sie.

„Wo kommst denn du her, Margret?"

In ihrem Gesicht war ein glücklicher Schein.

„Ich habe den Tofiller Markus über die Grenze gebracht", sagte sie. Dann ging sie ins Haus.

Nachdem vier Wochen vergangen waren, wußte man sich in St. Margarethen und weit darüber hinaus soviel zu erzählen, wie sonst in fünf Jahren nicht.

Der Förster Frankenegg wurde also wirklich wieder gesund, und man erzählte sich, daß der Genesungsprozeß bei ihm erst eingesetzt habe, nachdem die Gräfin von Jenna-Zinntal ihn dreimal besucht hatte. Sie war jedesmal vierspännig vorgefahren und immer eine geschlagene Stunde bei ihm gewesen. Ja, so genau gaben die Leute Obacht.

Aber nun hieß es, daß der Graf seinen Förster nicht mehr einstellen wolle, daß er ihm aber einen Posten im Flachland drunten vermittelt habe. Warum aber wollte er ihn nicht mehr einstellen? War etwas daran, daß der Förster so viel vom schönen Mund der Gräfin Mechthild erzählt hatte? Oder durfte man die andere Lesart glauben, wonach der Tofiller jedem, der es hören wollte, ganz frei und offen erzählte, daß der Förster Frankenegg ohne jeden Anruf auf seinen Sohn Markus geschossen habe, ihn also, auf gut deutsch gesagt, einfach niederknallen wollte? Warum aber? Hatte der Förster etwa über den Mund der Mutter noch hinausgeträumt nach den Lippen der jungen Komtesse Karola-Adelheid? Aber da war doch diese Mär vom jungen Tofiller und der Komtesse. War hier vielleicht der Schlüssel zum Geheimnis zu finden?

Die Peteranderl Josefa, Handarbeitslehrerin in St. Margarethen und Nebenbei-Dichterin, spürte diesem Geheimnis mit glühendem Eifer nach. Für sie war der junge Tofiller ein Held, ein Opfer seiner unglücklichen Liebe, dem sie einen Lorbeerkranz um die Stirne gewunden hätte, wenn sie ihn hätte erreichen können.

Aber der Markus war verschollen, wie vom Erdboden verschwunden, und seine Akten wurden im Amtsgericht einstweilen beiseite gelegt.

Zum anderen hatte die Josefa ihre Informationen von Gabriele, der Frau des Kutscher-Gärtner-Dieners vom Schloß, die in geradezu rührender Ergebenheit an Karola-Adelheid hing. Sie hatte schon früher einmal Liebesbrieflein nach dem Tofill getragen. Sie erzählte der Josefa Peteranderl eine Liebesgeschichte und zeichnete die Gestalt ihrer Legende ganz weich und unwirklich. Aber die einfachen

Menschen liebten das Unwirkliche und schauten wie in einem leisen Schauder hinauf zum Schloß, in das sie selber nicht gehen konnten. Und sie sahen, wie Gabriele es berichtete, im Herbstlaub des Schloßparkes ein Menschenkind im Liegestuhl liegen in schweigender Not. Die Ärzte stellten hunderterlei Diagnosen und trafen dennoch nicht den Kern des Leidens, weil es ihr nämlich tief drinnen in der Seele saß.

Ja, Karola-Adelheid lag in diesen Wochen viel im Liegestuhl im Park, die Augen mit weltfernem Blick in das herbstliche Laub gerichtet und den wirklichen Grund ihres Müdeseins verschweigend, denn wer hätte es je verstehen können, daß ihr ein Schwert in die junge Brust bis in die Tiefe des Herzens gestoßen worden war, das unbegreiflicherweise unermüdlich weiterschlug.

Karola-Adelheid wußte nichts von der Geschichte ihrer Liebe, die sich alle erzählten, und die schlechthin zur Legende von St. Margarethen geworden war, weil alle daran teilnahmen.

Der Chefarzt des Kreiskrankenhauses hatte die weitere Behandlung, bei der es eigentlich nichts zu behandeln gab, seinem jungen Assistenzarzt Bierlein überlassen. Mochte der sich mit dieser seltsamen Heiligen abärgern. Er war mehr Chirurg und kein Seelendoktor.

Dr. Egon Bierlein war zweiunddreißig Jahre alt und kam in der Woche zweimal. Als die schönen Herbsttage in Nebel und Sprühregen übergingen, konnte sich Karola-Adelheid nicht mehr im Park aufhalten und war nun viel in dem kleinen, wohlig geheizten Salon oberhalb der Terrasse. Dr. Bierlein war Junggeselle und lehnte es zwar bescheiden ab, wenn man ihn zum Tee einlud, griff aber dann doch recht herzhaft zu. Im Grunde genommen wußte auch er nicht, warum er kommen mußte. Und in einem Anflug von Ehrlichkeit sagte er einmal geradeheraus:

„Wissen Sie, Komtesse, daß Sie eigentlich gar nicht krank sind?“

Sie sah ihn ganz offen an. „Natürlich weiß ich das. Wenigstens spüre ich nirgends Schmerzen.“

„Dann weiß ich eigentlich nicht, weshalb ich immer noch hierher kommen muß.“

„Das weiß ich auch nicht, aber kommen Sie bitte auch weiterhin. Ich freue mich immer, mit Ihnen zu sprechen. Übrigens – herzlichen Dank für das Buch, das Sie mir letzthin mitbrachten. Vielleicht sind die Leiden des jungen Werthers im Augenblick nicht ganz das Richtige für mich.“

Dr. Bierlein strich sich über sein spärliches Haar und griff nach einem neuen Kuchenstück.

„Vielleicht habe ich mit Absicht dieses Buch gewählt – ich meine, im Hinblick auf Ihr eigenes Erlebnis.“

Sofort steilten sich ihre Brauen.

„Was wissen Sie von meinem Erlebnis, Doktor?“

„Ich meine, die Legende, die man sich in St. Margarethen erzählt. Aber es hat doch jede Legende einen tatsächlichen Hintergrund.“

„Ach, wenn die Leute doch nicht so viel reden

wollten", sagte Karola-Adelheid. „Die Wahrheit weiß doch niemand, vielleicht weiß man sie selber oft nicht. Kürzlich schrieb mir ein guter Freund, der Freiherr von Altstetten: Man weiß nie, wie glücklich man ist, man weiß nur, wie glücklich man war. Und darum muß man sich an das ‚war' klammern, um glücklich zu werden." Mit einem verlorenen Lächeln schwieg Karola-Adelheid eine Weile. Dann sprach sie weiter: „Wolf von Altstetten hatte es freilich leichter als ich. Er ist ein Mann und hat sich sein Glück trotz aller Widerstände erobert. Ich aber – ach, Doktor, reden wir nicht davon. Ich weiß heute, daß man sich den Frieden nur selber erringen kann. Auf welche Weise es einer fertig bringt, ist seine Art. Ich glaube, daß ich meinen Weg auch finden werde."

Doktor Bierlein fragte nicht, welcher Weg dies sei. Er hätte auch nicht mehr fragen können, weil Gräfin Mechthild ins Zimmer getreten war. Und als sie ihre Tochter so aufgeräumt dasitzen sah, warf sie dem jungen Arzt einen freundlichen Blick zu und sagte:

„Es wäre vielleicht ganz gut, wenn Sie in der Woche dreimal kämen, Herr Doktor. Nein, nur keine Ausrede, es wird schon gehen! Und eines schönen Tages wird unsere Patientin wieder ganz gesund sein, nicht wahr?"

„Aber sicher", pflichtete Dr. Bierlein bei, weil er einen Blick von der Komtesse aufgefangen hatte, der ihn zum Jasagen zwang. Dann beeilte er sich, fortzukommen.

Als sie allein waren, klingelte Gräfin Mechthild nach dem Mädchen und ließ sich eine Tasse bringen, weil die Kanne noch halb gefüllt war mit Tee. Sie schenkte sich ein und zündete sich eine Zigarette an.

„Es scheint in der Tat, daß es mit dir wieder aufwärts geht, mein liebes Kind. Übrigens – ich habe mir abgewöhnt zu fragen. Aber ich hörte vorhin deine letzten Worte. Was wäre denn das für ein Weg, den du allmählich findest?“

Karola-Adelheid hatte in ihrer Tasse gerührt. Nun sah sie die Mutter offen an, holte tief Atem und sagte:

„Wenn du mich schon fragst, Mama, möchte ich dir die Antwort nicht vorenthalten.“ Sie lehnte sich steif in den Stuhl zurück und schloß für einen Moment die Augen. „Ich weiß nicht, Mama, ob du dich noch erinnern kannst, daß ich dir in einer ähnlichen Situation einmal sagte: dann stecke mich in ein Kloster und laß mich Nonne werden. Das brauchst du nun nicht mehr, Mama, denn – ich werde selber gehen.“

Entgeistert starrte die Gräfin ihre Tochter an. Sie wußte nicht, sollte sie das als einen Spaß nehmen, oder war es das Anzeichen eines beginnenden Irrsinns. Schließlich sagte sie lächelnd:

„So dumme Träume hast du, mein Kind?“

„Träume? Ich habe doch deutlich gesagt, daß ich ins Kloster gehe. Und davon, Mama, davon kann mich diesmal niemand abbringen. Du hast es fertig gebracht, einen Menschen zu verjagen, den ich über alles geliebt habe. Ich weiß nicht, was alles du dazu getan hast, und ich will auch gar nicht dahinterkommen, da ich sonst vielleicht wirklich eine Närrin würde wegen all des Unbegreiflichen. Aber daß Tofiller nur leichtfertig ein Geschwätz in die Welt setzt, das jeder Grundlage entbehrt, dazu ist er gar nicht der Mensch."

„Und ich sage dir, daß es Lüge ist."

„Lüge? Warum wehrt dann Frankenegg sich nicht gegen diese Lüge? Kein Mensch läßt es ungestraft auf sich sitzen, wenn man ihm nachsagt, daß er einen anderen Menschen beseitigen wollte."

„Ach, dieses Märchen glaubt doch niemand!"

„Doch, Papa scheint es zu glauben, sonst nähme er Frankenegg bestimmt wieder in seine Dienste."

Gräfin Mechthild erschrak, ihre Hand mit der Tasse zitterte leicht. Aber sie beherrschte sich. Was ging Frankenegg sie an? Sie hatte ihr Ziel erreicht, mehr hatte sie nicht gewollt, und es war ihr mehr als lieb, daß Frankenegg möglichst weit aus ihrem Blickfeld kam. Es ging jetzt um etwas anderes, denn das Ergebnis all ihrer Bemühungen durfte doch nicht sein, daß Karola-Adelheid dem Leben entsagte und in die Stille eines Klosters ging. Und so zwang sie sich jetzt Teilnahme zu zeigen.

„Hör einmal zu, mein Kind. Ich habe dir in den Wochen deiner Krankheit viel nachgesehen. Jetzt aber, wo du wieder gesund bist, muß ich als Mutter doch ein Wort gegen solche absonderliche Gedanken sagen. Diese abwegige Liebe zu dem Bauernbuben haben die Menschen verstanden. Das, was du aber jetzt willst, wird niemand begreifen."

„Geht es denn darum, Mutter, daß mich jemand begreift? Wichtig ist, daß ich den Weg erkannt habe, den einzigen, der zu meinem inneren Frieden führt. Glaube nur nicht, daß mir dieser Entschluß in den Schoß gefallen ist. Nein, ich habe hart darum gerungen. Wolf von Altstetten wollte mich zuerst auch nicht verstehen, aber jetzt gibt er mir auch recht."

Klirrend stellte Gräfin Mechthild ihre Tasse nieder.

„Was? Du schreibst dich mit dem? Du weißt doch, daß er durch seine Heirat für unsere Kreise unmöglich geworden ist."

„Für deine Welt, Mama, aber nicht für die meine. Ich habe mich mit Wolf besser verstanden, als ihr es jemals geahnt habt. Wir sind gute Freunde geworden, als wir beide erkannten, daß es zu einer Liebe nicht reichte. In ihm sehe ich einen Bruder, zu dem ich mit allem kommen kann, was mich bedrückt. Es ist bedauerlich, daß ich zu meinem eigenen Bruder nicht gehen kann, weil ihm für meine Art von jeher jedes Verständnis gefehlt hat. So hoffe ich jetzt nur noch, daß Papa mich verstehen wird. Es täte mir leid, wenn es anders wäre, denn gehen werde ich diesen Weg so oder so."

Die Gräfin glaubte immer noch nicht, daß es Karola-Adelheid bitter ernst war. Daß sie im Kampf um das Kind zu schlechten Mitteln gegriffen hatte, beschämte sie kaum, denn – sie hatte es gut gemeint. Aber sie hatte längst gelernt, daß man dieser nicht mit Härte kommen durfte. Darum sagte sie recht sanft:

„Kind, wir streiten um Dinge, die es gar nicht wert sind."

„Wir streiten nicht, Mama. Ich habe dir nur gesagt, was mein unabänderlicher Entschluß ist. Übrigens habe ich einmal auch zu Markus gesagt, wenn wir nicht zusammenkämen, ginge ich ins Kloster. Freilich war das damals mehr im Scherz dahergeredet, aber jetzt ist es mir ernst damit."

Da tat die Mutter etwas sehr Unkluges. Sie schlug so kräftig auf das Tischchen, daß die Tassen hochsprangen und eine sogar klirrend am Boden zerschellte. Und genauso heftig schlugen ihre Worte hinterher: „Und du wirst nicht gehen!"

Es bedurfte noch eines sehr harten Kampfes, denn auch Graf Arno wollte nichts davon wissen. Ihren Bruder Hubert aber interessierte es nur insofern, als er wissen wollte, was man in ein Kloster mitzubringen habe. Doch nicht das gesamte Erbteil? Materiell gesehen war für ihn der Entschluß der Schwester nur günstig, denn Emma von Schockstein kam zwar nicht mit leeren Händen zu ihm, aber sie brachte auch keine Millionen mit.

Übrigens war die Hochzeit anberaumt für den fünften November. Sie sollte im Saal des Ratskellers zu St. Margarethen stattfinden. Diese Feier mußte Karola-Adelheid notgedrungen noch mitmachen, denn ihr Eintritt in Maria Gnaden war erst zum Jahresanfang vorgesehen.

Noch nie hatte Karola-Adelheid sich gewünscht, krank zu sein. Aber für diesen Tag wünschte sie es sich. Der Trubel in diesen Wochen ging ihr schon auf die Nerven, und sie flüchtete oft in die kleine Kapelle, um mit sich allein zu sein. Ihr Vater hatte es leichter, der kam in dieser Zeit kaum mehr von der Jagdhütte herunter. Die Treibjagden hatten begonnen, und der neue Förster mußte in sein Amt eingeführt werden.

Aber Karola-Adelheid sah ein, daß sie dem Familienfest, das die Mutter mit allem Pomp aufzog, nicht fernbleiben durfte. So ließ sie denn alles mit großer Geduld über sich ergehen, erhob nur einmal entschieden Einspruch, als die Näherin, die eigens aus der Stadt gekommen war, ihr ein Spitzenkleid mit gewagtem Ausschnitt anpassen wollte. Sie trug dann auch zur Hochzeit nur ein ganz einfaches, weißes Kleid und wurde nur noch einmal von wehen Empfindungen befallen, als sie das gehauchte „Ja" hörte, mit dem Emma von Schockstein nun fortan Freud und Leid mit ihrem Bruder Hubert zu teilen gelobte. Karola-Adelheid dachte, ob sie ihr „Ja" an der Seite Markus Tofillers nicht wie einen hallenden Jubel hinausgeschrien hätte.

So kurz wie das Leuchten der müden Novembersonne, die für ein paar Minuten durch das bunte Kirchenfenster hereinfiel, so kurz war ihr Erinnern an das versunkene Glück, und hernach ging sie fast teilnahmslos im festlichen Zug von der Kirche zum Ratskellersaal. Die Schulkinder von St. Margarethen bildeten Spalier, die Häuser waren mit Fahnen geschmückt, die Stadtkapelle spielte, und man konnte viel Schmuck sehen und viele Orden. Graf

Arno freilich trug nur seinen Malteserorden, und er hob während des ganzen Weges ein paarmal seine Augen über die Hausdächer hinweg zum Hochwald hinauf, wo er die Hirsche in der Brunft wußte. In den engen Frack gezwängt, fühlte er sich alles andere als wohl, und er allein hatte vielleicht Verständnis dafür, daß auch Karola-Adelheid sich in diesem Trubel fehl am Platze fühlte.

Gräfin Mechthild aber war in ihrem Element. Das war ihr Leben – das war ihre Welt. Glanz und Flitter, wohin sie sah, und neidische oder bewundernde Blicke der Menschen auf den Bürgersteigen. Seit nahezu fünfundzwanzig Jahren hatte man in St. Margarethen kein solches Fest mehr erlebt. Das aber war ihre eigene Hochzeit gewesen.

Es war jammerschade, daß dies aller Wahrscheinlichkeit nach die letzte Gelegenheit für sie war, auf diese Weise im Vordergrund zu stehen, denn an eine Hochzeit Karola-Adelheids war ja nun nicht mehr zu denken. Und bis die Enkel soweit sein würden, war sie eine alte Frau, wenn sie es überhaupt erlebte. Darum wollte sie sich heute noch einmal ganz dem Glanz dieses Festes hingeben und dabei vergessen, was dieser Sommer für eine Verwirrung in ihr Leben gebracht hatte.

Als das Fest gegen Abend auf seinem Höhepunkt angelangte, faßte Karola-Adelheid unter dem Tisch nach ihres Vaters Hand.

„Papa, wärst du so lieb, mich nach Hause zu bringen?“

„Muß es sein, Heidi?“

„Ich bitte dich darum, Papa."

„Gut, komm in fünf Minuten nach. Ich sage Adolf Bescheid, daß er einspannt."

Adolf saß im Bierstüberl des Ratskellers und war vielleicht nicht mehr ganz nüchtern, denn er erzählte ohne besondere Aufforderung den Männern um sich herum von der wunderbaren Liebe der Komtesse Karola-Adelheid zu dem jungen Tofiller.

Das Gespräch im Bierstüberl war gerade dort angelangt, wo man dem verschollenen Markus Tofiller nachsann, als Graf Arno die Tür öffnete. Das Gespräch verstummte sofort, und Adolf ging in die Fremdenstallung, um die Schimmel vor die geschlossene Kutsche zu spannen.

Karola-Adelheid kam sich wie erlöst vor, und sie drückte ihrem Vater dankbar die Hand.

„Ach, Vater, wie mich heute das alles angeödet hat."

Warm umschloß er ihre Hand.

„Na ja, hell begeistert bin ich ja auch nicht, aber mir bleibt wohl nichts anderes übrig. Ich wäre lieber droben bei meinen Hirschen. Die kosten mich bei weitem nicht soviel wie diese Hochzeit. Aber schließlich hat das ja auch einmal sein müssen. Bei solchen Gelegenheiten merkt man dann, wie alt man selber geworden ist."

„Du und alt?" fragte Karola-Adelheid mit leisem Lachen. „Manchmal denk ich, du seist noch keine vierzig."

„Das macht nur mein Wald, die freie Luft, die Jagd. Das erhält jung. Aber im Ernst, Heidi, an solchen Tagen wird man nachdenklich. Hubert hat heute geheiratet. Eine recht starke Bindung zu ihm habe ich eigentlich nie gehabt, aber das lag nicht an mir. Und nun soll ich auch dich noch verlieren."

Auf dem Kopfsteinpflaster rüttelte und schüttelte die Kutsche ganz erbärmlich. Erst als sie die Straße zum Schloß erreichten, wurde es besser.

„Du verlierst mich doch nicht, Papa."

„In gewissem Sinne doch." Er griff wieder nach ihrer Hand. „Weißt du, Mädl, manchmal mache ich mir doch Gedanken darüber, ob du dir diesen Schritt genau überlegt hast. Ob du dir auch klar darüber bist, was du aufgibst."

„Doch, ich bin mir darüber ganz klar, und ich weiß auch, daß ich mich selber besiegen muß."

„Na ja – also, wir wollen darüber nicht mehr reden, das haben wir genug getan. Mir wäre es auf alle Fälle lieber, du hättest einen tüchtigen Mann genommen und würdest mir gesunde Enkel schenken."

Da spürte Karola-Adelheid ein wehes Ziehen durch ihr Herz. Sie schloß die Augen und drückte die Fingernägel in die Handballen, so lange und so tief, bis sie Schmerz verspürte. Dann war es wieder vorüber. Das war ein Mittel, zu dem sie immer griff, wenn Erinnerungen sie überfallen wollten. Sie hatte so mühsam ihren Weg gesucht und gefunden, und was sie am Anfang nur ganz leise verspürt hatte, jetzt war es doch so, daß ihr in einer Viertelstunde innigen Betens in der Schloßkapelle so viel Kraft zufloß wie früher aus einer Stunde irdischen Glükkes, oder von dem sie vermeint hatte, daß es Glück sei.

Vielleicht aber kam es gar nicht so von ganz ungefähr. Zufällig war ihr ein altes Familienstammbuch mit Fotos in die Hände gefallen, aus dem sie ersehen konnte, daß so mancher Sproß der Jenna-Zinntals vom lauten Weg des Lebens abgegangen und in die Stille gemündet war. Eine Anna von Jenna-Zinntal war Äbtissin bei den Benediktinerinnen gewesen, eine Agnes von Jenna-Zinntal Äbtissin bei den Dominikanerinnen. Ein Graf Norbert von Jenna-Zinntal war in China als Missionar ums Leben gekommen.

Das Jahr war zu Ende, ein neues stieg schon in den zweiten Monat hinein, und wenn die Gräfin Mechthild bedachte, was das abgelaufene Jahr ihr alles gebracht hatte, so konnte sie sich ohne Einschränkung bestätigen, daß es eins der bewegtesten Jahre ihres Lebens gewesen war. Bewegt und erregend zugleich, und wenn sie in den Spiegel schaute, so war sie etwas böse auf dieses Jahr, denn es hatte ein paar Sorgenfalten in ihrer Stirn und an den Augen hinterlassen, die man zwar tagsüber mit kosmetischen Mitteln verdecken konnte, aber am Morgen waren sie wieder da.

Daran war in erster Linie Karola-Adelheid schuld, oder vielmehr der Irrgang einer Liebe, gegen die Gräfin Mechthild gemeint hatte, sich auflehnen zu müssen mit aller Kraft. Darum hatte es mehr Streit und Aufregung gegeben in diesem Jahr, als vorher in zehn Jahren zusammen. Aber was sie geglaubt hatte für sich bewahren und halten zu müssen, war ihr nun doch verlorengegangen. Sie hatte keine Tochter mehr, und der Abschied von ihr war doch recht schwer gewesen. Zwar hatte sie eine neue Tochter gewonnen, aber Emma war nicht Karola-Adelheid, Emma war eine viel zu eigene Persönlichkeit, als daß sich ein Streit mit ihr gelohnt hätte. Und da Karola-Adelheid bereit gewesen war, ihren Irrtum mit einem Leben in abgeschiedener Strenge abzubüßen, blieb wohl nichts anderes übrig, als den größten Teil der Schuld denen zuzuschreiben, die der Ursprung des Ganzen waren, den Tofillers.

Wie ungebeugt und herrisch dieser grauhaarige Bauer seines Weges ging, so, als hätte der Zahn der Zeit überhaupt nicht an ihm genagt. Dabei hatte ihm das letzte Jahr doch auch zwei Söhne genommen. Gräfin Mechthild hütete sich wohl, ihm zu begegnen. Sie sah ihn nur manchmal von ferne und erinnerte sich dann in Scham der Stunde, da er ihr den Scheck vor die Füße geworfen hatte.

Nicht eine Minute dachte sie daran, daß auch diesem Manne Schweres auf seine Schultern gelegt worden war, und daß auch er nach Schuld und Ursache grübeln könnte. Aber das tat der Tofiller nicht. Vielleicht, daß er ruhiger geworden war, daß er im Gemeinderat nicht mehr so herrisch auf die Tischplatte trommelte, wenn etwas wider seinen Willen gehen wollte, sondern daß er es jetzt in einer besonneneren, klaren Weise durchsetzte. Bloß durfte ihn niemand fragen, wo sein Sohn Markus hingekommen sei. Er hätte sagen müssen: ich weiß es nicht. Und er wußte es wirklich nicht. Einmal hatte Markus geschrieben, er sei beim Vetter in Basel gut angekommen, könne aber wohl nicht dort bleiben. Seitdem war er verschollen. Es war ein trauriges Weihnachten auf Tofill gewesen, und neben den roten Kerzen am Christbaum hatte man auch eine blaue Kerze entzündet, im treuen Gedenken an den Sohn und Bruder, der verschollen war oder tot. Man wußte es nicht.

Das Leben ging weiter. Der Frühling kam. Die Regierung hatte endlich eingesehen, daß sich so ein Unglück wie im letzten Sommer nicht alle drei, vier Jahre wiederholen dürfe, und baute beim Kreuzwald einen Staudamm.

Drei Jahre dauerte diese Arbeit, und es kam viel Unruhe in das stille Tal und manche Neuerung, vor allem die, daß endlich die abgelegenen Höfe auch elektrisches Licht erhielten. Nun waren die Roschach und der Kupferbach friedsame Wässerlein geworden, die keinem Menschen mehr etwas zuleide tun konnten. Die Roschach erwies sich zudem noch dadurch nützlich, daß sie Forellen zu schenken wußte, auch wenn man keine Fischkarte hatte. Ein Gewehr hatte der Tofill nicht mehr. Seit jener verhängnisvollen Nacht war es ihm verleidet „hinauszugehen“, obwohl es keinen Förster Frankenegg mehr gab. Dafür hatte er Netz und Angelzeug. Außerdem konnten die Mädchen in der Roschach die Wäsche schwenken. Martha hatte dies allerdings nicht mehr lange im Sinn, denn für sie wurde schon zur Hochzeit gerüstet. Der Sareiter Anton wollte nicht mehr länger warten. Das Sägewerk, damals vom Hochwasser schwer beschädigt, war neu erbaut, und der Tofill mußte ganz tief in seinen Säckel greifen, denn mit leeren Händen konnte er seine Töchter nicht aus dem Haus schicken. Auch die Notburga machte kein Hehl daraus, daß sie ebenfalls zu heiraten gedächte. Der Rager Urban hatte bereits begonnen, sich auf der Hangleiten ein kleines Haus zu bauen.

Der Tofiller nahm die Dinge hin, wie sie kamen. Er wußte, daß er sich dagegen nicht stemmen konnte. Es war der Welt Lauf, daß man heiratete, Kinder bekam, daß die Kinder wieder heirateten und dann Kindeskinder da waren. Daß man darüber selbst alt wurde, wollte er nicht wahrhaben, obwohl er bei weitem nicht mehr so rasch den Berg hinaufging wie früher.

Anders erging es der Tofillerin. Sie klagte ihre Not nicht, aber seit dem Tode des kleinen Christian und Markus' Verschollensein war ihr Haar noch weißer geworden und leuchtete wie frischgefallener Schnee. Ihr ging es sehr nahe, daß die Töchter sie verlassen wollten, zumal ihre Hände schon recht müde wurden, und die viele Arbeit sie schwer belastete. Oft sann sie stundenlang vor sich hin, und einmal sagte sie wie in einer zornigen Aufwallung:

„Wenn die Mädels aus dem Haus sind, muß der Martin heiraten."

Der Tofiller sah sie daraufhin lange und versonnen an. Und weil niemand um die Wege war, vor dem er sich einer kargen Zärtlichkeit hätte schämen müssen, nahm er ihr schmales Gesicht in die Hände und legte sein bärtiges Gesicht an ihr Haar.

„Der Martin ist kaum zwanzig und noch lange kein Mann“, sagte er. „Freilich seh ich, wie schwer dir die viele Arbeit ankommt, aber es wird schon gehen, Mutter. Notfalls verpachten wir die Hälfte Grund. Und es ist ja auch nicht so, daß die Mädels aus der Welt heiraten. Wenn Not am Mann ist, werden sie kommen und zugreifen.“

„Das ist es nicht, Vater, was mich so schwer bedrückt, aber daß der Markus gar nichts von sich hören läßt, Vater, das bringt mich noch zur Verzweiflung. Wir wissen ja nicht einmal, ob er noch lebt.“

Darauf wußte der Tofiller nichts zu sagen, weil auch er nicht begriff, daß Markus kein Lebenszeichen gab. Das wäre er nicht nur seinen alten Eltern schuldig, sondern auch dem Mädchen da drüben auf dem Kronwitterhof, das ihm so selbstlos zur Seite gestanden war und nun unbeirrbar auf seine Rückkehr wartete, obwohl gerade in dieser Zeit so mancher Freier auf dem Kronwitterhof vorsprach, denn sie war immerhin eine gute Partie. Ihr Vater, der dicke Kronwitter, begriff das nicht ganz.

„So lang treibst es noch, bis du eine alte Jungfer wirst und übrigbleibst“, grollte er.

Die Margret lachte gutmütig dazu. „Und wenn schon! Ledig gestorben ist auch nicht verdorben. Und was du so leichthin Halsstarrigkeit nennst bei mir, das ist ganz was anderes, Vater. Ich muß auf den Markus warten, und wenn ich darüber grau werde.“

„Du weißt ja gar nicht, ob er noch lebt.“

„Doch, der lebt. Ich fühl das ganz deutlich. Aber er ist weit weg.“

„Warum schreibt er dann nicht? Meint der vielleicht, daß du dir deine ganze Jugend verpatzen mußt? Jetzt bist vierundzwanzig. In dem Alter hat deine Mutter schon zwei Kinder gehabt.“

Aber je hartnäckiger der Kronwitter seiner Tochter den Gedanken an Markus Tofiller auszureden trachtete, desto verbissener hielt sie an ihrem Glauben fest, er werde eines Tages wiederkehren.

„Und was ist, wenn er zurückkommt? Dann wird er trotzdem noch eingesperrt“, bohrte der Alte weiter.

„Ich habe mir sagen lassen, Vater“, antwortete Margret mit überlegenem Lächeln, „daß so eine Sache nach einer gewissen Zeit verjährt.“

„Und ich hab gehört, daß die Gräfin immer wieder hineinbohrt, damit die Sache nicht verjährt.“

„Ach die“, stöhnte Margret, warf die Hände vors Gesicht und verriet dadurch, daß sie innerlich bewegter war, als sie zeigen wollte. „Nimmt denn ihr Haß gar kein Ende? Vater, darf ein Mensch ungestraft sein ganzes Leben lang andere quälen? Die Gräfin ist an allem schuld. Der Frankenegg hat ja voriges Jahr, als er in Wildflecken auf einen Tag auftauchte, im Rausch erzählt, wie sie ihn immer wieder gegen den Markus aufgestachelt hat.“

„Im Rausch redet gar mancher etwas, für das er dann doch nicht geradesteht, wenn es darauf ankommt."

„Mag sein, aber so ganz aus der Luft kann er es auch nicht greifen. Und wenn es nur Lüge wäre, glaubst du, daß die Gräfin sich das bieten ließe?"

„Die wird gar nicht erfahren haben, was da im Rausch Unsinniges geplappert worden ist."

Hier irrte aber der Kronwitter, denn die Gräfin Mechthild hatte es wohl erfahren. Frankenegg hatte sich ja auch in St. Margarethen aufgehalten und im Ratskeller vor einem Schüppel Pensionäre, die dort allwöchentlich ihren Tarock klopften, ganz offen erzählt, daß er um einiges betrogen worden sei. Betrogen durch die Gräfin Mechthild von Jenna-Zinntal. Ob die Herren wüßten, was er meine? Wenn die Herren es genauer wissen wollten: ein Kuß sei ihm versprochen worden, wenn –.

Unter den Pensionären war auch der Gerichtsrat Höllerer, der den Förster darauf aufmerksam machte, daß solches Gerede ihm teuer zu stehen kommen könne. Es sei eine Ehrabschneidung und strafbar.

So, so, das sei strafbar? Das beeindruckte Frankenegg in keiner Weise. Die Frau Gräfin solle ruhig einen Strafantrag stellen. Er habe bei der ganzen Sache ohnehin schon einen Denkzettel abbekommen. Man könne ja sehen, daß er mit dem rechten Bein seitdem etwas hinke. Aber das Mundwerk sei heil geblieben, und mit dem Mundwerk könne er schon reden und dem Richter auch Dinge erzählen, die der Frau Gräfin nicht ganz angenehm wären.

Am nächsten Vormittag wußte Gräfin Mechthild bereits von diesem Gespräch. Der pensionierte Gerichtsrat Höllerer hielt es für seine Pflicht, ihren Ruf in Schutz zu nehmen. Er sei jederzeit bereit, als Zeuge aufzutreten und zu beschwören, was dieser Frankenegg an verworrenem Zeugs dahergeschwatzt habe.

Der Gräfin Gesicht war wie aus Stein. Nur in ihren Augen glühte es gefährlich. Das Lächeln, mit dem sie dem Überbringer der Nachricht dankte, war genauso eisig wie ihre Haltung, zu der sie sich zwang, denn sie allein wußte, daß es nicht nur das verworrene Gerede eines Betrunkenen war, wie der Herr Gerichtsrat meinte, sondern daß ein Funken Wahrheit dabei war, ein sehr gefährlicher Funken Wahrheit sogar.

„Und wissen Sie vielleicht zufällig, wo Frankenegg sich jetzt aufhält?“ fragte sie.

„Meines Wissens in der Herberge ‚Zum goldenen Bären‘, einem etwas anrüchigen Haus hinterm Stadttor.“

„Ich weiß, ich weiß“, antwortete Gräfin Mechthild schnell.

„Frau Gräfin können sich jederzeit auf mich berufen“, versicherte Herr Höllerer.

„Vielen Dank, aber ich glaube, daß es nicht nötig sein wird.“

Eine halbe Stunde später war Gräfin Mechthild wegfertig. Schon im Schloßhof, kehrte sie nochmals um und nahm das Scheckbuch aus ihrem Schreibtisch.

Von diesem Tage an verlor sich die Spur des Försters Frankenegg über das Gebirge hin, und man vernahm nie mehr etwas über ihn. Die Gräfin mußte doch eine Frau mit starkem Willen sein. Frankenegg verließ die Herberge noch am selben Tag mit seinen wenigen Habseligkeiten.

Maria Gnaden war ursprünglich kein Klostersitz, sondern das Jagdschloß irgendeines Fürsten. Es war dann mitsamt den mächtigen Ökonomiegebäuden von Hand zu Hand gegangen, bis es dann von dem Orden erworben wurde.

Dieser hatte sich zur Hauptaufgabe gemacht, verwahrloste Mädchen in seine Obhut zu nehmen, um sie zurückzuführen in ein Leben der Ordnung. An die zweihundert Mädchen waren dort untergebracht, sie erlernten den Haushalt, sogar irgendeinen Beruf. Die meisten aber wurden in der Landwirtschaft beschäftigt. Sie arbeiteten unter der Aufsicht von einem Dutzend Schwestern. Mannsleute gab es dort nur drei. Einen Baumeister, wie man den Verwalter nannte, einen Pferdehalter und einen Stallschweizer. Jeden zweiten Tag hatte der Baumeister bei der Priorin zum Vortrag zu erscheinen. Da wurde alles durchgesprochen, die Arbeitseinteilung, ob und wie die Mädchen die zugeteilten Pflichten erledigten, ob mit verborgener Aufsässigkeit oder mit gutem Willen. Der Baumeister Schrank war im Dienst des Klosters schon grau geworden, er hatte schon Tausende Mädchen kommen und gehen sehen und diente bereits der dritten

Priorin, der Mutter Felicitas, die ihn wahrscheinlich überleben würde, denn Mutter Felicitas war noch sehr jung, zu jung fast für eine Priorin. Aber sie hatte sich diesen Platz wahrhaftig nicht durch Liebedienerei erobert, sondern war den Weg dorthin durch alle Stationen gegangen, von der Laienschwester angefangen, die hinter den Ernteknechten, die sommers gedungen wurden, im Kreis der Mädchen Weizengarben aufgebunden hatte, über die Nonne in der Klausur bis zur Vorsteherin dieses weitausgedehnten Komplexes. Nein, es war kein Leben in der Sonne für sie, denn sie kannte nichts als Pflicht und Verantwortung und die alles umfassende Liebe und Güte zu den gestrauchelten Mädchen. Es waren nicht zuletzt ihre großen, geistigen Fähigkeiten und ihre Begabung, junge Menschen zu leiten, die sie auf diesen verantwortungsvollen Posten berufen hatten. Sie besaß das volle Vertrauen des Mutterhauses und der Generalpriorin.

Niemand wußte, wie schwer für die junge Priorin dieser Weg gewesen war, denn es war nicht an ihrer Wiege gesungen worden, daß sie Klosterfrau werden müßte. Auch sie war einmal ein Mädchen mit jauchzenden Gefühlen, und ihr Herz hatte wundersam geblüht unter einer irdischen Liebe. Heute stand diese Frau in der vollen Blüte ihres Lebens. Sie war eine ehrfurchtgebietende Gestalt, im dunklen Habit erschien sie groß und schlank, ihr Gesicht war trotz der Strenge von einer wunderbaren Schönheit.

An einem Herbstmorgen, der schon die Ahnung

des nahenden Winters in sich trug, saß die Priorin in ihrem Schreibzimmer und hatte die Rechnungsbücher vor sich aufgeschlagen. Das Beherrschende in diesem Raum war das große schwarze Kruzifix an der weißen Wand über dem Schreibtisch. In der Ecke stand eine kleine Muttergottesstatue mit einem Betschemel davor. Ein kleiner Tisch mit zwei bequemen Stühlen für etwaige Besucher vollendeten die Einrichtung.

Ja, Besuche kamen zuweilen. Eltern der Mädchen, die mit der Priorin sprechen wollten, der Molkereibesitzer mit der monatlichen Milchabrechnung, der Oberförster, der ihr selbstlos mit Rat und Tat zur Seite stand, was den umfangreichen Klosterwald betraf, der Baumeister Schrank.

Wenn sie aufschaute, sah sie durch das große Fenster weit ins Land hinaus. Sie sah über die Moränenlandschaft hinweg bis zu den fernen Bergen, aus denen eine Spitze besonders stark hervorstieß wie ein warnend erhobener Zeigefinger. Mit dem Fernglas konnte man diese Gruppe ganz nahe heranziehen. Aber Mutter Felicitas nahm kein Fernrohr, schon längst nicht mehr. Ihre Welt war hier begrenzt, und es genügte, wenn sie von diesem Fenster aus das übersehen konnte, was alles zum Kloster gehörte.

Der Oberförster Schmederer, der im staatlichen Forstamt zu Randill Dienst tat, hatte ihr voller Sorge im Sommer schon berichtet, daß der Borkenkäfer in einen Teil des Klosterwaldes gekommen sei und man einen großen Teil niederschlagen müsse, wenn für den anderen Bestand, auch für den Staatswald, die Gefahr gebannt werden sollte.

Darum sangen jetzt seit acht Tagen im Klosterwald die Sägen und klirrten die Äxte. Der Baumeister hatte sechs Holzknechte gedungen, die vom frühen Morgen bis zum sinkenden Abend im Akkord dem kranken Klosterwald zu Leibe gingen. Mit dem Kloster selbst kamen diese Männer nicht in Berührung, sie wohnten in einem abseits gelegenen Bauernhaus, das auch zu Maria Gnaden gehörte.

An diesem Morgen nun, so um die neunte Stunde, sah die Priorin den Baumeister Schrank, so schnell ihn seine alten Füße noch tragen konnten, durch den Klostergarten auf das Portal zulaufen. Sie hörte dann seinen klappernden Schritt auf dem Parkett des Flures, und dann klopfte sein Knöchel schon an die Tür.

Die Priorin war aufgestanden. Zu solch ungewohnter Stunde kam der Baumeister nie. Also mußte etwas passiert sein. Mit einem kurzen Blick streifte sie das Gesicht des Mannes.

„Herr Schrank, wie sehen Sie aus? Bitte, setzen Sie sich. Was ist passiert?“

Der Baumeister ließ sich in einen der Sessel fallen, hielt in der einen Hand seinen Hut krampfhaft fest, die andere preßte er auf sein Herz, das vom schnellen Lauf wie rasend schlug.

„Einer von den Holzknechten – Frau Priorin –“

„Was ist mit ihm?“

„Er geriet unter einen stürzenden Baum.“

Die Priorin öffnete die Lade ihres Schreibtisches, nahm ein Fläschchen Melissengeist und träufelte davon etwa zwanzig Tropfen auf ein Stückchen Zucker.

„Hier, nehmen Sie, und werden Sie ruhiger.“ Sie schloß die Schreibtischlade wieder. „Tot?“ fragte sie dann.

Der Baumeister schüttelte den Kopf.

„Aber doch schwer verletzt. Sie bringen ihn auf einer Bahre zum Kloster.“

„Ach so“, sagte die Priorin nachdenklich. „Wie heißt der Mann?“

„Brunner. Michael Brunner.“

Die Priorin hob den Hörer des Haustelefons ab.

„Mutter Anna, lassen Sie sofort das kleine Zimmer neben dem Krankensaal herrichten. Und rufen Sie den Arzt. Einer von den Holzknechten ist verunglückt und wird hierhergebracht. Legen Sie ihn in das kleine Zimmer, bis wir wissen, ob er transportfähig ist.“

Damit war für die Priorin der Fall zunächst erledigt. Sie nickte dem Baumeister freundlich zu.

„Veranlassen Sie das Weitere, Baumeister. Der Arzt soll hernach zu mir kommen. Falls der Mann transportfähig ist, lassen Sie ihn gleich ins Krankenhaus bringen. Und – daß ich nicht vergesse – schonen Sie sich ein wenig, Herr Schrank. Ja, ich weiß schon, Sie wollen von einem Nachfolger nichts hören. Aber einmal wird die Zeit doch dazu reif werden. Die Zeit bleibt ja nicht stehen, und wir werden älter mit ihr.“

Es stellte sich heraus, daß ein Transport ins Krankenhaus dem Verunglückten nur schaden könne. Seine Verletzungen waren erheblich, außer einer schweren Gehirnerschütterung schien es ihn recht bedenklich in der Brust erwischt zu haben. Der Arzt sprach von ein paar Rippenprellungen, und wahrscheinlich habe auch die Lunge etwas abbekommen, denn immerzu sickerte ein dünner Blutfaden aus seinen Mundwinkeln.

„Und denken Sie, daß er durchkommt, Herr Doktor?“ fragte die Priorin.

„Das werden die nächsten Tage ergeben. Sobald er transportfähig ist, möchte ich ihn ins Krankenhaus überführen lassen. Was für den Augenblick getan werden konnte, habe ich getan. Der Mann hat eine Bärennatur, und ich hoffe, daß die ihm hilft, außerdem hat er ja hier eine ausgezeichnete Pflege, besser als im Krankenhaus.“

„Wir tun nur unsere Pflicht, Herr Doktor.“

Doktor Brandhofer lächelte.

„Nicht so bescheiden, Frau Priorin. Als vor drei Jahren der Scharlach über das Kloster herfiel, haben Sie und Ihre Schwestern mehr als ihre Pflicht getan. Ich sehe am Abend noch mal nach ihm. Grüß Sie Gott, Frau Priorin.“

„Gottes Segen, Herr Doktor.“

Die Priorin wandte sich wieder ihrer Arbeit zu und wurde davon erst wieder abgelenkt, als die Schar der Mädchen, begleitet von den Feldschwestern mit „Gänsegeschnatter“ in den Klosterhof einbog. Mutter Felicitas hatte es sonst nicht ungern, wenn die

Mädchen fröhlich waren, das war ein Zeichen gesunder Lebensfreude. Heute aber dachte sie, daß es wohl gut sei, wenn sie der Schwester Pförtnerin noch schnell telefonisch Bescheid sage, die Mädchen möchten sich ruhig verhalten, wenn sie in den Nebenbau einzogen, in dem sie untergebracht waren, weil der Weg dorthin am Krankensaal vorbeiführte.

Vier Tage war nun dieser fremde Holzknecht schon in der Obhut der Schwestern. An diesem vierten Tag erwachte der Fremde erstmals völlig aus seiner Bewußtlosigkeit. Er schaute verwundert um sich, und als er die Schwester Georgine, der seine Pflege übertragen war, neben dem Bett sitzen sah, umkräuselte ein spöttisches Lächeln seine Mundwinkel.

„Auweh zwick. Wo bin ich denn da hingeraten? Doch nicht ins Kloster?“

„Ja“, sagte die Schwester mit einer belegten Stimme. „Sie sind wirklich in einem Kloster, und danken Sie dem lieben Gott, daß Sie hier sind. Sie könnten sonst vielleicht schon nicht mehr am Leben sein.“

„Dem lieben Gott?“ antwortete er. „Mit dem steht ihr wohl auf du und du?“

Die Schwester erschrak und starrte eingeschüchtert auf seinen lästernden Mund. Zugleich aber wappnete sie sich innerlich gegen alles, was aus diesem lästernden Mund noch kommen könnte.

„Ich glaube nicht, daß es gut ist, mit Ihnen in Ihrem jetzigen Zustand über Gott zu streiten. Sie müssen erst ganz gesund werden. Vielleicht begreifen Sie dann, daß Sie es nur seiner Vorsehung zu danken haben, wenn Sie weiterleben werden."

„Leben", sagte er und drehte den Kopf müde zur Seite. „Als ob das bißchen Leben so begehrenswert wäre! Ob einer mehr oder weniger auf dieser buckligen Welt herumläuft, bleibt sich doch gleich. – Da bin ich also jetzt bei den Schwänen gelandet?

„Bei was, bitte?"

„Nichts für ungut, aber wir nannten euch immer Schwäne, wenn wir euch vom Holzschlag aus so übers Rübenfeld hingebückt sahen."

Da wurde Schwester Georgine doch wieder ein wenig menschlich, unterdrückte ein kleines Lachen und sagte: „Schwäne klingt immer noch besser als Schneegänse, wie der Müller vom Baum uns zu nennen beliebt. Der Schwan ist immerhin ein adeliges Tier."

„Schön gesagt, Schwester. Adelig. Habt ihr vielleicht auch was Adeliges in euren Reihen?"

Da stand die Schwester auf und ging zur Tür. Dort drehte sie sich nochmals um.

„Sie sind ein merkwürdiger Mensch. Jeden anderen würde es interessieren, was ihm eigentlich fehlt. Sie fragen nicht einmal danach."

„Wer wird denn so neugierig sein? Ich habe mir abgewöhnt zu fragen, weil die Antworten doch immer nur Lügen sind."

„In diesem Haus lügt man nicht", antwortete Schwester Georgine. Dann knipste sie das Licht noch an und ging hinaus.

Die Lampe hatte die Form einer Ampel und war

zusätzlich noch mit einem Seidentuch verhängt. Es war ein Licht und doch keines, und der Raum sah jetzt aus, als falle ein ganz zages Morgenrot von der Decke herunter.

Schwester Georgine aber ging mit etwas bedrücktem Herzen hinüber in den Hauptbau und trat bei ihrer Priorin ein.

„Nun?“ fragte die Priorin und hob den Kopf. Das gedämpfte Licht der Schreibtischlampe machte ihr Gesicht fast unwirklich schön.

„Ehrwürdige Mutter, ich habe zu berichten – der Kranke ist aus seiner Bewußtlosigkeit erwacht.“

Die schmale Hand der Priorin hielt einen Füllfederhalter, den sie jetzt ganz leise auf die Schreibtischplatte fallen ließ.

„Ist er vollständig bei sich?“

„Ich weiß nicht, ehrwürdige Mutter. Er redet so komisch.“

„Wie komisch?“

„Er nannte uns Schwäne und fragte mich, ob wir mit dem lieben Gott auf du und du stünden.“

Die Hand mit dem Federhalter lag jetzt ganz still. „Ist gut, Schwester Georgine. Ich werde morgen mit dem Doktor reden, daß er ins Krankenhaus geschafft wird.“

Lautlos wie sie gekommen, zog Schwester Georgine sich zurück. Das Licht im Arbeitszimmer der Priorin aber erlosch erst nach Stunden.

Um neun Uhr begab sich die ehrwürdige Mutter Felicitas in den Nebentrakt zu ihrem Schützling.

Aus einem unerklärlichen Grunde nannte sie den verunglückten Fremden so, obwohl dies nicht ganz den Tatsachen entsprach, denn sie hatte ihn ja nicht in Schutz nehmen können vor dem stürzenden Baum, hatte ihm nur das Unterkommen im Kloster bewilligt und wollte den Mann nun sehen.

Sie mußte dabei ein kleines Stück durch den Klostergarten gehen. Der Novemberwind blies scharf durch die entlaubten Lindenbäume. Kein einziger Stern blinkte am Himmel, und die Priorin fand den Weg nur so leicht, weil aus den Fenstern der Schlafsäle noch heller Lichtschein fiel.

Kein Mensch begegnete ihr, nur im Bauhof drüben begann der Hund anzuschlagen. Die weiten Ökonomiegebäude lagen schon in völliger Dunkelheit.

Die schweren Läufer, die auf dem Flur zum Krankensaal lagen, dämpften ihre Schritte. Leise drückte sie die Klinke der Tür zum kleinen Krankenzimmer nieder und schloß sie dann hinter sich. Aber der Kranke hatte es dennoch gehört und wendete den Kopf. Das Licht war so gedämpft, daß er die Gestalt nur undeutlich erkennen konnte. Er sah nur, daß es nicht die Schwester vom Nachmittag war. Aber er sah nicht, wie die Priorin leicht zusammenzuckte, und wie ihre Hand das goldene Kreuz, das sie an einer Kette um den Hals trug, ergriff und daß sie einen Augenblick gleichsam wie gelähmt dastand.

Dann hatte sie sich gefaßt und trat näher.

„Wie geht es Ihnen?“

Fremd sah er sie an. Ihm kam keine Erinnerung. Zu sehr hatten die Jahre ihr Gesicht geändert, die Klostertracht ihre Gestalt gewandelt.

„Sie sind wohl um ein paar Ränge höher, als die Schwester von heute nachmittag?" fragte er. „Wollen Sie mir auch einreden, ich hätte es nur Gott zu danken, daß ich noch am Leben bin?"

„Ich habe nicht nötig, Ihnen etwas einzureden, was Tatsache ist. Daß die kleine Schwester Georgine – die Sie einen Schwan genannt haben – tatkräftig mitgeholfen hat, Sie wieder ins Leben zurückzubringen, wird Ihnen der Arzt bestätigen können. Aber – wie war doch Ihr Name?"

„Michael Brunner."

Kaum merklich zuckte es über ihre Brauen hin. Jeder Irrtum war für sie jetzt ausgeschlossen. Sie erkannte seine Stimme wieder. Sie sah auf seinen Mund und kannte ihn wieder. Sie sah ganz tief in seine Augen hinein und erkannte sie, weil sie sich in den langen Jahren oft an diese Augen erinnert hatte. Und selbst wenn dies alles nicht wäre – sein Hemd stand am Hals offen, und auf seiner Brust schimmerte ein kleines, goldenes Herz.

Sonderbar war der Priorin in diesem Augenblick zumute.

Er trug das kleine Schmuckstück noch. Ob auch die blonde Locke noch darin verborgen war?

Sie hatte es ihm einmal geschenkt. Nein, nicht sie, sondern die junge Komtesse Karola-Adelheid von Jenna-Zinntal. Die aber war für diese Welt gestorben. Es gab nur mehr eine Priorin Felicitas.

Etwas mehr als zwölf Jahre lagen zwischen damals und heute.

Markus Tofiller ..., flüsterte es in ihr, ohne daß sie die Lippen bewegte. Dann wurde sie ganz ruhig. Der Sturm des Wiedersehens war vorbei, und sie wußte, daß sich dies nicht wiederholte.

„Haben Sie Schmerzen?" fragte sie dann.

Er nickte und deutete auf seine rechte Brustseite.

„Es müssen ein paar Rippen gequetscht sein."

„Sobald Sie transportfähig sind, kommen Sie ins Krankenhaus. Die Röntgenaufnahmen werden dann erweisen, was los ist."

Da erst sah er sie zum erstenmal länger an. Seine Brauen bewegten sich nachdenklich, seine Augen bohrten sich tief in die ihren. Die Priorin wich seinem Blick nicht aus, nur ihr Mund wurde schmal.

Seine Erinnerung schien ihn abermals im Stich zu lassen. Er wandte den Kopf zur Seite, ein wehes Lächeln zuckte um seinen Mund. Dann sagte er:

„Ich verstehe. Einen Heiden wie mich muß man so schnell wie möglich abschieben aus so einem heiligen Haus."

Die Priorin verzog keinen Muskel in ihrem Gesicht.

„Es gibt keinen Heiden in unserer Gegend, außer es nennt sich selber einer so. Ich weiß nicht, warum Sie Gott verloren haben. Aber ich glaube, daß Ihre Mutter schmerzlich davon bewegt wäre, wenn sie wüßte, wie –"

Schnell fuhr er herum, und diese Bewegung verursachte ihm unsinnige Schmerzen, denn er stöhnte qualvoll auf.

„Meine Mutter – was wissen Sie von meiner Mutter, was wissen Sie überhaupt von mir? Ich habe Gott nicht verloren, Gott hat mich verloren."

Die Priorin schob ihre Hände in die weiten Ärmel ihres Habits und tat so, als berühre sie sein zorniger Ausbruch gar nicht.

„Sie stammen nicht aus der hiesigen Gegend?"

„Ach, was Sie alles wissen. Wie wollen Sie das schon wieder erraten haben?"

„Das ist kein Kunststück, weil man hier eine andere Mundart spricht."

„Man verlernt, wie man zu Hause spricht, wenn man sich lange in der Welt draußen herumtreibt."

„Ja, über zwölf Jahre", antwortete die Priorin. „Sie waren die ganze Zeit im Ausland?"

Verwundert sah er sie an. Dann verfiel er wieder in seinen Spott.

„Sie scheinen wirklich alles zu wissen."

„Das ist doch kein Kunststück, ich habe Ihren Paß eingesehen."

„Wie kommen Sie zu meinem Paß?"

„Man hat ihn mir mit Ihren anderen Sachen ausgehändigt. Sie brauchen keine Angst zu haben, es ist alles gut verwahrt, und Sie werden es ausgehändigt bekommen, wenn Sie dieses Haus verlassen. Auch Ihren Paß, Herr Brunner, wenn Sie auch dem Bild darin nur ganz entfernt gleichen."

Jetzt überkam ihn Mißtrauen. Was wußte sie wirklich von ihm? War man schon hinter ihm her, kaum daß er nach zwölf Jahren vor rund vier Wochen wieder heimatlichen Boden betreten hatte?

„Was wollen Sie von mir erfahren?"

„Von Ihnen? Nichts! Aber ich möchte doch versuchen, Sie mit Gott wieder zu versöhnen, weil Sie meinen, er habe Sie verloren. Lächeln Sie nicht – Sie versuchen doch damit nur etwas vorzutäuschen, was Sie gar nicht sind. Weil Ihnen das Leben ein bißchen hart mitgespielt hat, meinen Sie, Sie seien schon mit allem fertig. Man wird nie fertig, Herr – Brunner, nicht mit sich und nicht mit anderen. Man muß nur lernen, die Dinge des Lebens klar zu erkennen, und vor allem muß man sich fragen, ob man selber auch alles recht gemacht hat. Man muß den Mut haben, sich an die Brust zu klopfen und Mea culpa zu sagen. Nicht immer liegt die Schuld bei anderen. Die Irrtümer, denen wir Menschen unterworfen sind, verwischen die klare Erkenntnis nur. So – das wollte ich Ihnen heute sagen. Schlafen Sie jetzt, Sie haben es noch sehr nötig."

Sie ging zur Tür, griff in das Weihwasserkesselchen und machte das Kreuzzeichen zu ihm hin. Das sah er aber nicht, denn er hatte die Augen geschlossen, schlug sie erst wieder auf, als er die Tür ins Schloß fallen hörte. Jetzt lag er da und grübelte. Es waren aber nicht die Worte, über die er nachdachte, sondern es war die Stimme der Priorin. An irgend jemanden erinnerte sie ihn, und er konnte es nicht herausfinden. Ach, es hatten ja so viele Menschen seinen Weg in diesen zwölf Jahren gekreuzt, sie kamen ihm jetzt alle durcheinander. Bis nach Alaska war er gekommen auf der Flucht vor sich selber, bis das Heimweh ihn so wild gepackt hatte, daß es stärker war als jeder Vorsatz, für alle in der Heimat tot zu sein, für Vater und Mutter, für die Geschwister, für die Komtesse Karola-Adelheid und auch für die Kronwitter Margret.

Nun war er zurückgekehrt, der Markus Tofiller. An einem der nächsten Sonntage wollte er sich dem Tofill nähern und sich unweit davon versteckt halten, um alles zu beobachten. Aber jetzt war ihm dieser Unglücksfall passiert. Er hatte diese Arbeit nur angenommen, weil er nicht mit leeren Händen heimkommen wollte. Er hatte in der Welt keine Reichtümer sammeln können. Nur einmal hatte er – es war in Bolivien, wo er fast drei Jahre in einem Bergwerk gearbeitet hatte – an die dreitausend Dollar gespart. Dann hatte man sie ihm gestohlen, und er hatte es nie mehr zu einer solchen Summe gebracht, vielleicht auch nicht mehr gewollt.

Nein, er kam nicht darauf, wo er die Stimme der Priorin suchen sollte. Aber über dem Nachdenken schlief er schließlich ein.

Die Priorin besuchte ihn ein zweites Mal. Nicht gleich am nächsten Abend, sondern erst am übernächsten. Diesmal blieb sie nicht vor ihm stehen, sondern setzte sich auf den Stuhl an seinem Bett, und dem Kranken dünkte, daß nicht mehr die gleiche Strenge von ihr ausging, sondern sogar etwas wie Wärme.

„Wie geht es Ihnen?“ begann sie das Gespräch mit den gleichen Worten wie beim erstenmal.

„Danke, besser“, sagte er.

„Das meint auch der Arzt. Sie werden wieder ganz gesund werden. Jetzt müssen wir nur sehen, daß auch Ihre innere Zerrissenheit in Ordnung kommt, Ihre Feindschaft zum Herrgott, Ihre Absage an all die Dinge, die das Leben ausfüllen und erfüllen.“

„Sie sprechen sehr klug, Frau Priorin.“

„Sie wissen, daß ich die Priorin bin?“

„Ja, das habe ich erfahren können, aber sonst nichts.“

„Es ist auch gar nicht wichtig, daß Sie Näheres von mir wissen. Übrigens – ich habe darüber nachgedacht, woher Sie stammen mögen. Die jahrelange Abwesenheit mag Ihre Mundart etwas geändert haben, aber ich glaube nicht zu irren, wenn ich sage, daß Sie um St. Margarethen herum zu Hause sind.“

Erschrocken starrte er sie an.

„Wie kommen Sie darauf?“

Nun brauchte die Priorin zu keiner Ausrede mehr zu greifen, sondern konnte die Wahrheit sagen:

„Wir hatten vor einigen Jahren ein Mädchen aus St. Margarethen hier, das sprach genauso wie Sie, dieses harte Ch und R. Kennen Sie St. Margarethen?“

Er hatte die Augen geschlossen und nickte.

„Dann kennen Sie auch die Legende von St. Margarethen?“

„Welche Legende?“

Hier war es nun mit ihrer Weisheit zu Ende, denn was jetzt zu sagen wäre, durfte nicht mehr heraufgeholt werden aus dem tiefen Schrein des Vergessens. Sie griff darum wieder nach einem Ausweg und hoffte, daß dies keine Sünde sei.

„Ich kenne sie auch nicht so genau, aber in St. Margarethen erzählt man sich von einem jungen Menschen, der aus seiner Heimat geflüchtet ist, weil er glaubte, einen Menschen erschossen zu haben.“

„Hat er auch“, entfuhr es ihm.

„Sie kennen also die Geschichte? Und doch kennen Sie sie nicht ganz. Jener Förster, den die Kugel des Burschen traf, ist zwar irgendwo untergetaucht, aber er lebt.“

„Er lebt?“

„Ja, er lebt, wenigstens brachte ihm jener verhängnisvolle Schuß keine Nachteile, und die Sache soll verjährt sein. Aber der junge Mensch ist bis heute verschollen, und seine alten Eltern tragen schwer daran.“

Daraufhin wurde der Kranke seltsam still. Er lag unbeweglich, mit geschlossenen Augen. Er schluckte ein paarmal, als wolle er etwas in sich zurückdrängen, und fand doch nicht die Kraft dazu, denn langsam perlten ihm Tränen unter den geschlossenen Lidern hervor und rannen in seine Bartstoppeln hinein.

Und wieder sah die Priorin das goldene Medaillon auf seiner Brust in dem Hemdausschnitt.

„Sie tragen da ein goldenes Herz um Ihren

Hals“, sagte sie schließlich. „Haben Sie das immer getragen?“

„Ja, das habe ich stets getragen, ich habe mich noch keine Stunde von ihm getrennt. Es verbindet sich damit die schönste Erinnerung, die ich habe. Aber das verstehen Sie ja nicht. Wie sollten Sie es auch. Ihre Welt ist ganz anders als die meine. Ihr Leben besteht nur aus Beten und –“

„Arbeiten“, ergänzte sie. „Aber das verstehen nun wieder Sie nicht. – Sie sagen, daß Sie dieses Kettchen mit dem Herzen immer getragen haben. Also war der Mensch, der es Ihnen schenkte, Ihnen doch wertvoll.“

„Er war das Liebste, was ich jemals auf der Welt gehabt habe. Aber wir waren von Geburt halt zu ungleich. Das Wasser war viel zu tief.“ Er fuhr sich mit der Hand über die Stirn. „Wasser – ja, Wasser war auch einmal da – viel Wasser. Ich habe sie aus der großen Wassersnot gerettet, und dann hat sie mich dafür bezahlen wollen.“

„Das ist nicht wahr“, entfuhr es der Priorin. Sie verbesserte sich aber sogleich. „Ich meine – es wird nicht ganz so gewesen sein, wie Sie es gesehen haben.“

„Ist ja auch gleich“, sagte er und machte eine müde Handbewegung dazu. „Heute wird sie längst verheiratet sein, mit einem aus ihrer Welt, und wird mich vergessen haben.“

Die Priorin sagte nichts darauf. Langsam erhob sie sich.

„Ein Mensch, der eine Erinnerung so treu behütet wie Sie, kann nicht schlecht sein. Er hat auch seinen Gott nicht verloren, er ist nur irr geworden an dieser Güte, und ich weiß, daß gerade diese letzte Prüfung jetzt nicht spurlos an Ihnen vorübergehen wird. Schlafen Sie gut, Michael Brunner, und denken Sie daran, daß Sie wieder gesund werden müssen für das neue Leben, das noch in seiner Fülle vor Ihnen liegt."

Ihre Worte waren nicht ins Leere gefallen, sie hatten Anker geworfen in seinem zerrissenen Innern. Aber bevor er noch etwas sagen konnte, hatte sich die Tür hinter ihr geschlossen.

Am nächsten Tag wurde er in einem Krankenwagen ins Kreiskrankenhaus nach Randill gebracht, ohne daß er noch Gelegenheit gehabt hätte, sich von der Priorin zu verabschieden.

Das Kreiskrankenhaus zu Randill war ein mächtiger Neubau mit schönen, hellen Krankensälen.

Michael Brunners Verletzungen waren jetzt durch den Röntgenapparat genau festgestellt. Sie waren nicht ganz so schwer, wie man am Anfang vermutet hatte, und die Behandlung konnte jetzt in der erforderlichen Form vorgenommen werden.

Markus lag in einem Saal mit noch sechs anderen. Aber er sprach nicht viel, weil es ihm Schmerzen verursachte, und dann hatte er ja auch über sehr vieles nachzudenken.

Merkwürdigerweise war nichts Aufsässiges mehr in ihm. Auch hier pflegten ihn barmherzige Schwestern, und sie hatten selten einen solch geduldigen

Kranken gehabt. Ja, es war gerade so, als ob sie ihm besonders zugetan seien. Vielleicht hatten sie auch ein wenig Erbarmen mit ihm, weil er der einzige war, der nie Besuch bekam. Nie kam jemand zu ihm mit ein paar Blumen oder einer Flasche Wein. Meist lag er ganz still, sah mit großen Augen zur Decke hinauf.

In der zweiten Woche aber geschah es, daß zwei Bauersleute auf das Krankenhaus zugingen. Der Mann war groß, sein Haar war schneeweiß. Die Frau war arg in sich zusammengesunken. Ihre Schultern waren nach vorne geneigt, ihr Schritt war klein und so müde, daß der Mann sie an der Hand nahm.

„Komm nur, Mutter, wir sind gleich da, dann kannst dich niedersetzen."

„Ja, niedersetzen", sagte die Tofillerin und drückte fest die Hand des Mannes. „Ach, Vater, ich kann es kaum glauben, daß wir unseren Markus wiedersehen sollen. Gott, ich danke dir, daß du mich noch so lange hast leben lassen."

„Du lebst schon noch länger, Mutter", tröstete der Tofiller sie. „Wart nur, jetzt wird unser Leben wieder schön."

An der Pforte erfuhren sie, daß hier kein Markus Tofiller liege, und sie sahen sich betroffen an, bis es dem Bauern dämmerte.

„Aber vielleicht ist ein Michael Brunner hier?"

„Brunner? Ja, auf Zimmer sechs im ersten Stock."

Markus lag wieder mit geschlossenen Augen da

und öffnete die Lider erst zögernd, als er merkte, daß jemand an sein Bett herangetreten war. Dann weiteten sich seine Augen. Seine Arme wollten sich strecken, aber mit einem Schmerzensschrei ließ er sie wieder sinken.

„Mutter ...“, schluckte er und zwang die Tränen gewaltsam zurück, weil er ja nicht allein im Zimmer lag. Dann suchte sein Blick den Vater, und er erschrak vor dem vielen Schnee in dessen Haar.

Die Tofillerin saß nun auf dem Bettrand, faßte die Hände des Sohnes und sah ihm mit tiefer Glückseligkeit in die Augen.

„Daß du nur wieder da bist, Bub. Und – wie geht es dir? Kommst schon bald auf den Tofill?“

„Ach, Mutter – endlich wieder deine Hand. Und du, Vater – gib mir die deine auch. Vergebt mir –“

„Wir haben dir nichts zu vergeben, Bub“, sagte der Tofiller leise, damit die anderen es nicht hörten.

„Doch, doch. Schreiben hätte ich euch schon müssen. Aber ich wollte tot sein für den Tofill, für alles. Aber dann hat mich das Heimweh gepackt, und das war viel schlimmer als die Schmerzen, die ich jetzt aushalten muß. Die gehn vorbei, sagt der Doktor, aber das andere hätte mich umgebracht mit der Zeit.“ Dann schwieg er und furchte nachdenklich die Stirn. „Woher wißt ihr überhaupt, daß ich hier bin?“

Ganz verwundert sah die Mutter ihn an.

„Sie hat uns doch geschrieben, die Komtesse.“

„Wer hat euch geschrieben?“

„Die Priorin halt von Maria Gnaden“, sagte der

Tofiller. „Du warst doch, bevor sie dich hierhergeschafft haben, in ihrem Kloster aufgenommen?"

„Die – Priorin?" fragte Markus, und in seine Augen kam ein grenzenloses Staunen. „Nein, das kann nicht sein. Die Heidi? Aber doch ja! Jetzt weiß ich es endlich! Es war ihre Stimme und – es war ja auch die kleine Narbe über ihrem linken Auge, von der Wassersnot her noch. Jetzt ist mir alles klar." Er schlug die Hände vors Gesicht. „Und ich hab sie nicht erkannt."

„Das hätte dir auch nicht viel geholfen, Bub", meinte der Tofiller. „Sie ging, bald nachdem du fort warst, ins Kloster. Wichtig ist nur, daß sie dich erkannt hat, sonst säßen wir heute nicht hier."

Die Tofillerin packte inzwischen ihre große Handtasche aus. Sie legte goldgelben Kuchen auf sein Nachtkästchen, ein Fläschchen mit selbstgebranntem Zwetschgenschnaps und etwas Leibwäsche. Dann ging es ans Erzählen. Markus erfuhr, daß seine beiden Schwestern längst verheiratet waren und schon Kinder hatten, daß Sebald, der Erstgeborene, seine Schreinerei in St. Margarethen zu einer Fabrik vergrößert habe. Er sei es auch gewesen, der sie in seinem Wagen hierhergefahren habe und sie in zwei Stunden wieder abholen werde. Martin ginge noch immer ein wenig eigenbrötlerisch und einspännig durchs Leben – und dann fiel auch der Name Margret Kronwitter, die jeden Freier, selbst die besten, ausgeschlagen habe, und die als einzige niemals den Glauben daran verloren habe, daß Markus noch am Leben sei.

Erschüttert bis ins Innerste hörte Markus sich alles an. Von sich selber konnte er nicht viel berichten, weil das Sprechen ihn schmerzte. Aber in seiner Erinnerung wurde jetzt alles wieder lebendig und groß, und er erlebte die Stunde, in der er von der Margret Abschied genommen hatte.

„Weiß sie, daß ich hier bin?" fragte er.

„Nein, noch nicht", antwortete der Vater. „Wir wollten erst schaun, ob alles seine Richtigkeit hat, ob es überhaupt wahr ist."

Da spielte ein kleines, müdes Lächeln um Markus' Mund.

„Eine Priorin lügt doch nicht, Vater. Nein, die Heidi! Und ich hab sie nicht erkannt. Sie ist bei mir am Bett gesessen, so wie du, Mutter, und ich hab sie nicht erkannt. Aber – Vater, stimmt es, daß mein Fall wirklich verjährt ist?"

„Ja, das ist wahr. Oder besser gesagt, er ist niedergeschlagen worden, und ich weiß heute, daß das vor allem der Herr Graf fertiggebracht hat."

Später kam dann Sebald noch dazu. Markus hätte auch diesen Bruder bald nicht wiedererkannt, so behäbig, so würdig und vornehm sah er aus, der Möbelfabrikant Sebald Tofiller aus St. Margarethen. Seine Begrüßung war ein wenig polternd, aber ehrlich gemeint.

„Jetzt schau nur, Bruderherz, daß du hier bald rauskommst! Seit fünf Jahren schon stehen die Brautmöbel für eine gewisse Margret Kronwitter bei mir im Speicher. Sorge dafür, daß sie bald gebraucht werden, sonst kommt der Holzwurm noch rein."

Von diesem Tag an ging es mit Markus zusehends aufwärts. Es war so, wie der Arzt am Anfang schon gesagt hatte, seine Bärennatur überwand die Erkrankung, zumal jetzt noch das Verlangen dazukam, bald auf dem Tofill zu sein.

Vier Wochen später, acht Tage vor Weihnachten, durfte er das Krankenhaus verlassen. Er konnte jetzt wieder richtig durchatmen und aufrecht gehen. Sebald holte ihn mit seinem neuen Wagen ab und hielt ihm zunächst etwas großspurig einen Vortrag über die Qualitäten dieses Wagens. Er werde es ja selber sehen, die Strecke nach St. Margarethen packe er in einer knappen halben Stunde.

Markus hörte nur halb hin, und erst als er eingestiegen war, sagte er: „Du wirst mich jetzt nicht gleich nach St. Margarethen fahren, sondern zuerst nochmal zurück nach Maria Gnaden. Ich hab dort noch eine Kleinigkeit zu erledigen."

Der Bruder pfiff leise durch die Zähne.

„Ich verstehe. Willst dir noch einen Segen holen von der Äbtissin."

Markus zog die Brauen schmerzhaft zusammen.

„Spare dir deinen Spott. Wenn dir das Warten zu lang werden sollte, dann fahre heim. Irgendwie werde ich schon nach dem Tofill kommen."

„Ah geh, man wird doch noch einen Spaß machen dürfen! Mit dem Wagen sind wir in zehn Minuten beim Kloster."

Es dauerte aber dann doch fast eine Viertelstunde, weil es angefangen hatte zu schneien.

An der Pforte saß eine ältere Schwester, die den

Besucher etwas mißtrauisch musterte, obwohl er sauber gekleidet war und einen guten Eindruck machte.

„Sie wünschen?“ fragte sie und steckte das pausbackige Gesicht zum kleinen Guckfenster heraus.

„Ich möchte die Frau Priorin sprechen.“

„In welcher Angelegenheit, bitte?“

„In einer rein persönlichen Angelegenheit“, sagte Markus.

„Bedauere, die ehrwürdige Mutter ist jetzt nicht zu sprechen“, sagte die Schwester Pförtnerin und wollte das Guckfenster wieder herunterlassen. Da steckte Markus blitzschnell seinen Arm dazwischen.

„Wenn Sie mich jetzt nicht sofort bei Ihrer Priorin anmelden, werde ich hier so laut und so lange schreien, bis das ganze Kloster rebellisch wird.“

Da bequemte die Pförtnerin sich, zögernd nach dem Telefon zu langen.

„Hier ist ein Mann – ein etwas rabiater Mensch, ehrwürdige Mutter, der Sie unbedingt sprechen möchte. Wie bitte? Ach so – ja.“ Sie streckte ihren Kopf wieder heraus. „Wie ist Ihr Name?

„Markus Tofiller.“

Als die Schwester den Namen ins Telefon gesagt hatte, blieb es eine Weile ganz still, und Markus fürchtete sich schon, daß er abgewiesen werde. Endlich sagte die Schwester:

„Erster Stock, Zimmer fünf.“

Ein leises Surren in dem kleinen Gittertürchen, dann sprang es von selber auf. Hinter Markus schloß es sich sofort wieder. Er ging über den Klosterhof durch den wirbelnden Tanz der Schneeflocken. Im Haus selber duftete es schon weihnachtlich. Aus der Tiefe des Ganges, wo die Küche liegen mochte, kam der Geruch von Weihnachtsgebäck. An den Wänden hingen da und dort Tannenzweige mit Silberfäden.

Die Priorin stand am Fenster des Sprechzimmers. Sie schaute in das Schneetreiben hinaus. Ihr Gesicht war ganz unbeweglich, und niemand hätte ahnen können, welcher Sturm jetzt im Innern dieser Frau tobte.

Sie hatte den Mann über den Klosterhof gehen sehen und dabei für einen Augenblick das Gefühl gehabt, als habe die Zeit sich zurückgedreht. Ihr schien, hinter den tanzenden Schneeflocken erhebe sich ein leuchtender Berg voller Almrosen, und die Wundspitze sei ein flammendes Fanal im Glanz der sinkenden Sonne.

„Herein!" sagte sie laut und deutlich, als es klopfte. Sie drehte sich aber erst um, als Markus sich zum zweiten Mal räusperte. Die Hände wieder in den weiten Ärmeln ihres Habits vergraben, den Kopf ein wenig zurückgelegt, sah sie ihn an. Endlich sagte sie:

„Wieder ganz gesund?"

„Ja, Heidi, ganz gesund."

Sie zuckte zusammen. Er hatte sie bei ihrem Mädchennamen genannt, und es war ihr, als habe eine verborgene Zärtlichkeit darin geklungen. Da wurde sie hart zu sich selber. Sie wußte nur nicht recht, wie nun sie ihrerseits ihn anreden sollte. „Du“ durfte und konnte sie nicht sagen. „Sie“ wollte sie nicht sagen. So fand sie den dritten Ausweg und sagte „Ihr“.

„Und was führt Euch nochmals hierher? Ich habe Eure Papiere doch ins Krankenhaus geschickt.“

„Du fragst, was mich nochmals hierherführt? Heidi, ich habe viele unruhige Stunden in meinem Leben gehabt, aber ewig und immer würde ich unruhig sein, wenn ich dir nicht danken dürfte für das, was du für mich getan hast.“

„Ich habe nichts getan als meine Pflicht. Nun tut auch Ihr die Eure. Ihr wißt, wer auf Euch in Treue die ganzen Jahre über gewartet hat.“

Diese Kälte reizte ihn, und schroff fuhr es ihm heraus: „Du freilich hast nicht auf mich gewartet.“

Die Priorin drehte sich um und sah wieder den Schneeflocken zu.

„Ich will und darf diese Sprache nicht hören, Markus Tofiller. Das, was Ihr meint, ist begraben. Und Totes kann man nicht zum Leben erwecken. Ich habe meinen Frieden gefunden. Wollt Ihr ihn mir jetzt nehmen?“

„Nein, entschuldige. Ich habe es nicht so gemeint, und ich bin wirklich nur gekommen, um dir von Herzen zu danken. Vielleicht kann ich auch dir einmal einen Gefallen tun?“

Mit einem Ruck drehte die Priorin sich um. Ihr Gesicht war so weiß wie der Schnee, der draußen fiel. Nur ihr Mund leuchtete in dieser Blässe, und die Augen waren auf ihn gerichtet.

„Das sollt Ihr nicht denken, Markus Tofiller. Wir sind längst quitt. Ihr habt mir einmal das Leben gerettet im Hochwasser. Euch danke ich es, daß ich hier stehe und glücklich bin in meinem Amt. Und doch, Markus Tofiller, wenn Ihr schon meint, mir zu Dank verpflichtet zu sein, so könnt Ihr ihn mir nicht besser bezeugen, als nun mit offenem, klarem Blick auf den Gekreuzigten zu schauen und begreifen zu lernen, wie wunderbar Er auch Eure Wege geleitet hat."

Sie hatte bei diesen Worten das goldene Kreuz an ihrer Brust ergriffen und es vor seine Augen gehalten.

„Ich habe", stammelte er ergriffen, „jetzt lange Zeit gehabt, über alles nachzudenken. Du hast recht, Heidi, und vielleicht hat es so kommen müssen, daß ich dir nochmals begegne – so begegne, in dem Kleid, das du jetzt trägst und mit dem Frieden, den du in dir hast. Ich gehe jetzt, Heidi. Sehen werden wir uns nie mehr. Aber ich werde viel an das denken, was du mir heute und damals am Krankenbett gesagt hast."

Er schaute auf seinen Hut nieder, den er verlegen in den Händen drehte. In diesem Augenblick war es der Priorin zumute, als müsse sie ihm ihre Hände auf die Schultern legen und ihn zwingen, sie noch einmal anzuschauen. Aber sie hielt sich eisern in der Zucht.

„Gebt mir Eure Hand, Markus Tofiller und – geht im Frieden des Herrn. Ich werde für Euch beten, für den Frieden Eurer Seele und auch um das

Glück, das auf Euch wartet. Ich segne dieses Euer Glück und segne Eure Kinder, auf daß sie gesund auf dem Tofill heranwachsen, um dereinst aufrechte Menschen zu sein, wie Ihr es einmal wart und wieder sein werdet."

Innig und warm umschloß er ihre Hand.

„Und ich darf das da –" er griff an seine Brust, wo unter dem Hemd das goldene Herzlein mit der Locke lag – „weiterhin tragen?"

„Lebt wohl, Markus Tofiller und vergeßt nicht, was Ihr mir heute gelobt habt."

Sie öffnete ihm die Tür, sah ihm noch nach, wie er durch den bereits dämmerigen Klostergang schritt und hinter der letzten Säule verschwand. Dann erst ging sie in ihr Zimmer und faltete vor der Statue der Gottesmutter die Hände zum stummen Gebet.

Der Winter auf dem Tofill war nicht mehr so schwer zu ertragen wie früher. Jetzt brannte in allen Stuben und in den Ställen das elektrische Licht. Eine breite Straße führte hinauf, die sogar jetzt mit einem Schneepflug frei gehalten wurde.

Zu Weihnachten versammelten sich alle Tofillers am ersten Feiertag. Das war nun schon eine ganz schöne Schar, denn nicht weniger als elf Enkelkinder tummelten sich in der großen Stube, in der der Weihnachtsbaum stand. Mittags wurde Wildbret aufgetragen, und als Markus darüber erstaunte Augen machte, schüttelte der Tofiller den Kopf und sagte:

„Diesmal denkst verkehrt, Markus. Wir haben es nicht mehr nötig, verbotenerweise hinauszugehen. Der Graf hat mir die Jagd in seinen Revieren freigegeben."

„Weil du es doch nicht lassen kannst, hat er gesagt", fügte die Mutter hinzu.

„Schneidet er deswegen schlechter ab?" lachte der Tofiller fröhlich.

„Das weiß ich nicht. Auf alle Fälle brauche ich jetzt keine Angst mehr auszustehen."

Graf Arno aber hatte schon gewußt, was er tat. Der Tofiller zahlte ihm nur der Form halber eine ganz geringe Jagdpacht, er hatte dafür aber die Gewähr, daß der Tofiller das Revier hegte und in Ordnung hielt.

Als die Dämmerung hereinbrach, stand Markus auf, schlüpfte in die pelzgefütterte Joppe und sagte: „Ich glaube, daß eine hier fehlt, die dasein müßte. Und jetzt gehe ich und hol sie."

So stand auch später die Margret vom Kronwitterhof unter dem brennenden Lichterbaum, und sie wußte jetzt, daß im nächsten Jahr sie es sein würde, die den Weihnachtsbaum auf Tofill schmückte, als junge Bäuerin vom Tofill.

Die zwölf Jahre waren fast spurlos an ihr vorübergegangen. Ja, wenn einer genau hinschaute, dann mußte er sagen, daß sie mit diesen Jahren gereift war und ihre Züge von einer herben Schönheit waren, die die große Sehnsucht geprägt hatte, das geduldige Warten auf den Mann ihrer Liebe.

Spät in der Nacht erst brachen alle auf. Als letzte

verabschiedete sich die Margret vom Tofiller und der Tofillerin.

„Dann wartet halt nicht mehr zu lange mit der Hochzeit“, meinte der Tofiller gutmütig polternd. Und die Mutter fügte hinzu:

„Mir ist es jeden Tag recht, meine Füße wollen schon bald gar nicht mehr, und meine Mädels haben auch weggeheiratet. Hab jetzt gar niemand mehr um mich rum in der Küche. Es ist so still geworden in den letzten Jahren.“

„Laß dir nur Zeit, Mutter“, sagte der Tofiller. „Die beiden werden schon dafür sorgen, daß bald ein Kinderlachen ins Haus kommt. Alt genug sind sie ja jetzt.“

Markus brachte die Margret nach Hause. Die Nacht war sternklar. Und hier, wo sie nun so allein waren in der blankgläsernen Nacht, fand Margret den Mut sich an den Mann anzuschmiegen.

„Ich will dich auch heute nicht fragen, Markus, warum du hast tot sein wollen für uns und nie geschrieben hast. Aber eins sag mir, Markus, wo hast du dich denn in all den Jahren bloß rumgetrieben?

„Ach, Margret, wenn ich dir das alles erzählen müßte!“ Er blieb stehen und nahm ihr Gesicht in seine Hände. „Niemand wird das verstehen, und heute kommt mir alles selber vor wie ein böser Traum. Es hat mich rumgetrieben von einem Erdteil zum anderen. Und je weiter ich mich entfernt hab, desto mehr ist in mir zerbrochen. Es ist mir nicht gerade schlecht, aber auch nicht gut gegangen. Nirgends habe ich Wurzeln fassen können. Die sind in der Heimat geblieben, und mit der Heimat hab ich alles verloren. Ich hab auch an keinen Herrgott mehr glauben können, weil ich mir einbildete, daß er es gerade auf mich besonders abgesehen habe und mich verstoßen wolle. Mein Haß auf die, die Schuld daran waren, daß ich hab fort müssen, ist mit jedem Tag gewachsen, so wie das Heimweh gewachsen ist. Dann habe ich es einfach nicht mehr aushalten können. Ich habe wieder zurück müssen, selbst auf die Gefahr hin, daß man mich jetzt noch einsperrt. Ich habe ja nicht wissen können, daß sich hier alles zum besten gewendet hat. Unter welchen Umständen ich dann der Priorin von Maria Gnaden begegnet bin, weißt du bereits."

„Vielleicht war es gut, Markus, daß du ihr zuerst begegnet bist."

„Ja, heute begreife ich es. Ich hab sie nur nicht gefragt, ob auch sie gemeint hat, daß ich schon tot sei. Du hast es nicht geglaubt?"

„Hätte ich das geglaubt, Markus, stände ich jetzt nicht bei dir. Ich hab dir beim Auseinandergehen versprochen, auf dich zu warten, und hätte es getan, selbst wenn es noch zwanzig Jahre gedauert hätte."

„Und ich hab dir nicht ein einziges Mal geschrieben, aus Angst, Margret, aus Angst, daß man den Brief erwischen und mir auf die Spur kommen könnte. Die Vorstellung, einen Menschen erschossen zu haben, hat mich nicht losgelassen. Heut seh ich ein, daß diese Angst umsonst war, denn sie hätten einen Markus Tofiller nirgends suchen und finden können, durch die Welt bin ich ja als Michael Brunner zigeunert.“

Mit einem stillen, alles verstehenden und alles verzeihenden Lächeln zog sie seinen Kopf zu sich heran.

„Wenn du mir geschrieben hättest, Markus, ich wäre auch zu dir gekommen, und wenn du mich am anderen Ende der Welt erwartet hättest. So aber ist es besser, denn die Heimat, Markus, die hätte uns nichts ersetzen können. Und nun wollen wir nie mehr davon sprechen. Markus. Hörst du? Nie mehr!“

Von St. Margarethen herauf schlug die Mitternachtsstunde mit hallenden Schlägen.

Es war wieder Frühling geworden. Der Berg um Tofill stand in Blüten. Die Hochzeit des Markus Tofiller mit der Margret Kronwitter hatte in der Kirche zu Wildflecken stattgefunden, in aller Stille, so wie beide es wünschten. Nur die nächsten Angehörigen waren dabei. Das Hochzeitsmahl aber wurde auf dem Kronwitterhof ausgekocht, und als um die Mittagsstunde wie gewöhnlich der Postbote dort aufkreuzte, hatte er ein Telegramm für das Brautpaar dabei. Markus riß es auf und las:

„Herzlichen Glückwunsch und allen Segen des Himmels. Priorin Felicitas zu Maria Gnaden.“

Einen Augenblick wehte ihn etwas Schmerzliches an. Er schloß die Augen und sah wie in einer Vision einen leuchtenden Hang voller Almrosen unterhalb der Wundspitze. Ein blondes Mädchen saß neben ihm.

Aber, Markus, sagte sie, du kannst doch keine Frau heiraten, die du nicht liebst ...

Es ist nicht wichtig, daß ich geliebt werde, hatte er geantwortet, wichtig ist, Heidi, daß eine den Tofill liebt ...

In diesem Augenblick griff Margret unter dem Tisch nach seiner Hand und drückte sie fest. Da war das wieder vorbei, und eine tiefe Geborgenheit überkam ihn.

Spät am Nachmittag verließen die beiden den Hof und wanderten über die frühlingstrunkenen Wiesen hin. Die Margret hatte ihr Brautkleid bereits abgelegt und trug ein dunkles Dirndlkleid mit langem Faltenrock, das ihre herbe frauliche Schönheit erst ganz zur Geltung brachte.

Unterhalb des Tofills, bei der Bank unterm Nußbaum, nahmen sie Platz. Sie hielten sich an den Händen und schauten ins Land hinaus. Die Roschach plätscherte friedsam neben ihnen vorbei, über St. Margarethen lag flimmerndes Sonnenlicht, und ganz in der Ferne zeichneten sich über den Moränenhügeln die Konturen des Klosters Maria Gnaden ab.

Sie sprachen vom Leben, das nun für sie angebrochen war, und schwiegen von dem, was verschwiegen sein wollte.

Auf dem nahen Feldweg ritt die Gräfin Mechthild von Jenna-Zinntal vorüber. Ihr Haar war in den Jahren auch weiß geworden. Eine alte Frau ritt auf einem Grauschimmel vorüber, und ihr Gesicht war von einer verbissenen Strenge. Sie sah die beiden nicht, und wahrscheinlich hätte sie sonst dem Grauschimmel die Sporen gegeben, um schnell vorüberzukommen an den beiden, besonders an dem Markus Tofiller, dem sie alle Schuld beimaß, daß ihr Haar vor der Zeit schon so weiß geworden war. Denn bei allem, was diese Frau auch bewegen mochte, sie hatte auch heute noch nicht gelernt, die Schuld zunächst bei sich selber zu suchen, weil es ja viel bequemer war, alle Schuld auf andere zu laden.

Vom Kronwitterhof herauf hörte man den Lärm der Feiernden. Die beiden hatten nicht das Verlangen, in das Laute zurückzukehren.

Hoch über ihnen zog ein Sperber seine Kreise, stieß einmal wie ein Pfeil herunter und zog dann wieder majestätisch dem Himmel zu, der über der Wundspitze schon gelblich zu schimmern begann.